行走空间

欧洲城市交通综合体观察解析

邹妮妮　梁雪君　杨　涛
万　千　周星妤　编著

东南大学出版社
SOUTHEAST UNIVERSITY PRESS

图书在版编目（CIP）数据

行走空间：欧洲城市交通综合体观察解析 / 邹妮妮等编著. —南京：东南大学出版社，2020.8
ISBN 978-7-5641-8982-2

Ⅰ. ①行… Ⅱ. ①邹… Ⅲ. ①高速铁路－铁路枢纽－交通规划－研究－欧洲 Ⅳ. ① U291.7

中国版本图书馆 CIP 数据核字（2020）第 116424 号

行走空间：欧洲城市交通综合体观察解析

Xingzou Kongjian：Ouzhou Chengshi Jiaotong Zongheti Guancha Jiexi

编　　著：邹妮妮 等
出版发行：东南大学出版社
地　　址：南京市四牌楼 2 号（邮编 210096）
出 版 人：江建中
责任编辑：夏莉莉
网　　址：http：//www.seupress.com
印　　刷：徐州绪权印刷有限公司
开　　本：787 mm×1 092 mm 1/16
印　　张：14
字　　数：248 千
版　　次：2020 年 8 月第 1 版
印　　次：2020 年 8 月第 1 次印刷
书　　号：ISBN 978-7-5641-8982-2
定　　价：98.00 元

（本社图书若有印装质量问题，请直接与营销部联系，电话：025-83791830）

作者名单

编　　著：邹妮妮　梁雪君　杨　涛
　　　　　万　千　周星妤
摄　　影：徐　兵　邹妮妮　柳朝慧
　　　　　梁雪君　江梓杉
图片编辑：梁雪君　江梓杉　张雄兵

序

随着《中长期铁路网规划》和《中国高速铁路网规划》的相继通过，我国高铁建设已进入发展高峰期。国家新发布的《交通强国建设纲要》提出要进一步解放思想、开拓进取，推动交通发展由追求速度规模向更加注重质量效益转变，由各种交通方式相对独立发展向更加注重一体化融合发展转变，由依靠传统要素驱动向更加注重创新驱动转变，构建安全、便捷、高效、绿色、经济的现代化综合交通体系。

高铁作为一种高速度、大运量的交通工具，其影响不仅仅体现在运输效益上，对城市空间形态以及城市之间的空间结构也有着巨大影响。这一影响主要体现在三个方面：一是宏观层面，即高铁对区域城市的影响；二是中观层面，即高铁对城市自身空间结构的影响；三是微观层面，即高铁站点对城市内部的影响。

在宏观层面，高铁提高了区域整体的可达性，改变了区域内部联系，增进了城市与区域的互动。首先，高铁的建设可增强沿线城市的经济规模和竞争力，在总体上提高城镇群的经济水平。其次，高铁的建设可扩展既有城镇群的地域范围，促进以高铁影响范围为度量的经济圈的形成。“两小时”是高铁竞争的核心范围，高铁的建设也促进了“两小时经济圈”的形成和发展，使得原有城镇群的空间尺度随之变大。最后，高铁的建设对城镇群各类城市的影响不同，对优化城镇群的内在组织结构起到重要作用。另外，高铁的建设对大城市之间的中小城市发展有极大的促进作用。

在中观层面，高铁建设为城市发展带来新的交通区位优势。在高铁建成后，其可达性效应使经济交往克服了地理界限，产业逐步向高可达性的城市转移，引导城市产业布局结构出现变化，从而导致城市空间结构重构；高铁客运站带来人流、信息流、资本流、商业流等交互，会迅速产生人口和经济的集聚，其带来的费用节约和利益增长进一步促进集聚，其内聚力产生的倍数效应不断增强，集聚和扩散作用得到加强，城市经济发展重心产生偏移，促进城市由单中心向多中心空间结构发展。另外，高铁建设也催生了新的交通枢纽门户。

在微观层面，城市中火车站地区的整体环境通常较为复杂，人流量大，对城市管理要求较高。而伴随着铁路建设的迅猛发展，我国铁路客运枢纽规划建设也进入了一个快速发展阶段。这些车站已从单纯的交通集散中心发展为城市的综合性交通枢纽，并且在交通组织、功能布局、建筑设计等方面得以完善和改进，使得越来越多的铁路枢纽被规划和建设成为交通综合体。交通综合体以换乘为核心，主要提供各种交通服务。

传统铁路枢纽的发展理念和模式均已无法适应新的要求，因此不能再将高铁枢纽视作孤立的建筑，必须将其与周边地区进行相互联系与整合，形成一个更大范围内的触媒，进而影响更多区域，最终对城市产生强大的催化作用，即从交通综合体向城市综合体转变。城市综合体是城市功能的“集核”。

功能复合、空间缝合、文化融合是城市综合体最重要的特征。交通服务、商务办公、商业和文化娱乐等不同功能板块的聚合反映了城市综合体内部空间的向心聚集效应。但这种复合不是简单的功能叠加，而代表着对城市资源的整合，使之以更加集约高效的方式组合在一起，体现在土地的高强度开发与经济的高效率运作，高铁枢纽由交通枢纽转向经济枢纽。可以说复合是综合体存在的本质特征和内在要求，是枢纽地区吸引人流、产生城市催化作用的前提。依托高铁枢纽形成的城市综合体通常有机地把交通空间、商务空间、办公空间、休憩空间缝合在一起，尽量消除铁路对城市分割的影响。同时随着高铁的进出以及大量的人口流动，外来的文化和本地文化在城市综合体内碰撞和交融，这也是各地高铁枢纽型城市综合体的另一重要特征。

华蓝交通团队借力中国高铁建设发展的浪潮，一直关注和开展城市高铁站点区域规划设计与研究。从日本京都到法国巴黎，从葡萄牙里斯本到比利时布鲁塞尔，从意大利米兰到德国法兰克福，华蓝交通团队用脚步去丈量，用心去感知，时间跨越十年，行程跨越万里，本着“他山之石可以攻玉”的想法以及研究高铁对城市空间布局和交通发展影响的初衷，最终形成《行走空间》。

《行走空间》以欧洲高铁枢纽考察之旅为主线，以游记的叙事方式，总结各国高铁枢纽的规划建设经验，梳理高铁枢纽与城市空间的关系，让读者在行走中感知车站空间，体会车站与历史空间的融合传承，从经典中发现和感受空间的奇特，切身感受高铁发展的历史脉络，以及人与交通设施环境自然适宜的尺度融合。同时，《行走空间》在探索车站与城市街区的融合方式、车站与城市交通的耦合关系、车站与城市发展的互动影响等方面提出了独到的见解和新的观点，为城市规划及交通行业的工作者、决策者、研究者提供借鉴与新的思路，是一本值得用心品读的参考书。

前言

当高铁的概念开始冲击到中国的城市建设，出于职业的习惯，自然引起了我对高铁车站的关注。2007 年借考察日本建筑之机，特意安排时间参观京都车站。当我在雨雾中一头扎进一栋高层建筑，见到与商业建筑一般的情景，所不同的是多了醒目的自动售票机和清晰的引导标志，完全颠覆我对于火车站的固有形象。在偌大的建筑中，商店、餐馆、旅馆、影院等场所占据了建筑综合体的大部分，车站设施仅仅在底层的一角。从城市规划语境来说，这是一个商业、文化与交通功能高度融合的综合体。2010 年遇见的里斯本东方火车站，冲击着“铁路分隔城市”的传统概念，这座高架桥上的车站悄悄地把铁路两侧从交通到建筑形态等空间维度都缝合在一起。2017 年专门组织的欧洲车站考察之旅中，巴黎里昂火车站见证了欧洲铁路两百多年的历史，如今无疑仍然是欧洲规模有加的现代交通枢纽；掩映在布鲁塞尔历史街区中的中央火车站，如没有刻意目的，也许不会被川流不息的世界游客所发现。行走十年，林林总总的车站给我留下融合的概念：交通融合、街区融合、历史融合、功能融合等等。在机动化越发快速的时代，回归人的尺度，构筑人与交通设施环境自然适宜的尺度融合。

中国已成为世界上高铁建设和运营规模最大的国家，运送旅客量位居世界第一，高铁车站也由传统单一结构逐渐向网络化的轨道交通结构转变。一方面，城市交通枢纽逐步从单一的车站及线路发展到集多种交通方式于一体的多功能综合交通枢纽；另一方面，交通系统与土地利用两者之间的协调问题成为城市发展的重要课题，多层面的城市交通网络在城市功能拓展中不断叠加，巨大的商业潜能与其他功能逐步显现，城市生活的方方面面也逐渐渗透至交通枢纽的空间体系中，并以消费空间更新人对城市的体验与感受。

诚然，在全球化发展的今天，新型的高铁综合体、更新的传统火车站的成功案例数不胜数，我们只能在行走中采集经典。把从经典中感受到的空间的解析品味，化为规划师对城市未来的理解与追求。

本书在此背景下推出，通过对我们在行走中所看到的十一个欧洲火车站案例的分析研究，以融合为主线，从而认知不同交通综合体在空间环境、交通组织、功能构成、业态分布、建筑品质等方面的精明之道，以资为读者提供有益的借鉴。

目录

第一章　行走思辨篇

纵观世界铁路发展史和高铁发展历程，铁路始于英国，继而在欧洲发展成为国际与城际发达的铁路网。日本率先建成高速铁路新干线，法国成为第二个拥有高速铁路的国家，随后欧洲各国也陆续建设高速铁路。历史悠久的铁路线加入现代高铁技术，形成欧洲独特的铁路系统。由于职业的原因，笔者近十年来考察了一些国家的交通设施，其中各式各样的火车站不断刷新着我们的传统印象。此篇先行整理考察的总体情况，针对一些共性问题讲述我们在行走中的认识与观点。

“行万里路，读万卷书”，世界，人们在行走中认识。笔者对于现代火车站也是在行走中认知，且行且探知，且行且感知。

2008 年，新成立的华蓝交通规划研究团队承担的首个任务是南宁火车站区域交通环境的改造规划，带着任务加入日本建筑考察团，当遇见京都车站，着实惊艳，见识了现代火车站概念的现实版。再值南宁高铁的规划筹建之际，笔者有机会参与北京、天津、上海等高铁先行城市的参观考察，对引用机场航站楼立体交通组织模式深有感触，这种模式很快在全国高铁站流行。

2013 和 2014 年笔者两度日本自由行，购买了日本 JR 铁路通票，北上关东南下九州，凭借手机上的火车时刻表可以选择 5 分钟的间隔，在一个小站同站台完成长途列车的转换。沿途所见的各种类型车站对无缝换乘这个概念都有很完美的诠释。最常见的城市车站是一栋多层建筑，如图 1–1 所示的弘前、横滨、盛冈、仙台车站。比如仙台车站的上层是新干线，中层是集散换乘层，地面分布有普通铁路、郊区铁路和地铁，地下也有穿越铁路的过道。这些车站并非属于枢纽级车站，却是对外交通与城市交通四通八达的换乘节点（图 1–1、图 1–2）。

随着中国高铁的迅猛发展，火车站已经不是单纯的城市对外交通节点，对人们的生活产生了深远的影响。我们对于车站的思考也在扩展，车站不仅仅影响着城市交通，也影响着城市空间的布局，甚至影响一座新城。

本着“他山之石可以攻玉”的想法，2017 年我们这个由城市规划师和交通工程

图 1–1 日本弘前、横滨、盛冈、仙台车站

师组成的团队专程前往欧洲，以火车为主要交通工具（图 1–3），以旅客的身份行走了四国的十几座车站，收获了几千张照片和一腔感想。镜头里的车站：只见人们进进出出、行色匆匆，却很少有车水马龙、拥挤喧闹，没有以往的交通设施对城市空间环境造成的压迫感，而是深深地感受到个体车站空间与城市环境空间的高度融合。这些非常值得去梳理研究，以作为高铁车站空间规划和交通工程管理的借鉴案例。

首先从一路走来的整体感受说起。

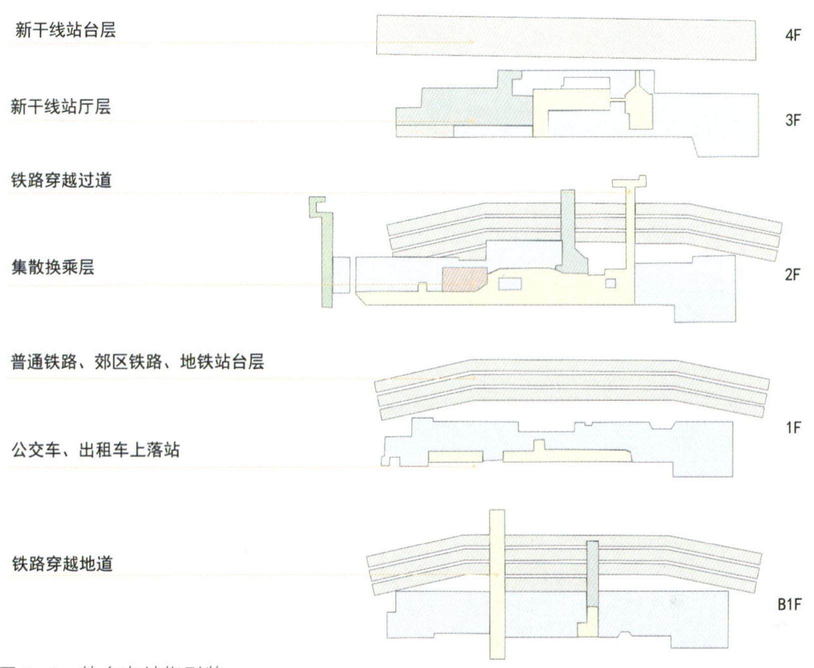

图 1–2　仙台车站指引牌

图 1–3　欧洲考察团在法兰克福车站

高铁网改变了城市间的出行方式

欧洲高铁始于法国巴黎至里昂的高速铁路，逐步形成连接巴黎、布鲁塞尔、科隆、阿姆斯特丹和伦敦的欧洲高铁网络，成为欧盟运输网络的核心，至 2011 年欧盟高铁里程达 6 830 千米（表 1–1）。

高铁以其快速、安全、准点、舒适的交通优势成为越来越多出行者的首选交通工具。相关研究表明，在 150 ~ 400 千米之间，高铁将对高速公路运输市场产生冲击；在 400 ~ 800 千米之间，高铁在运输

表 1–1 欧洲部分国家高速铁路建设里程表（单位：千米）

年份	比利时	德国	西班牙	法国	意大利	荷兰	英国	合计
1985				419	224			643
1990		90		710	224			1 024
1995		447	471	1 281	248			2 447
2000	72	636	471	1 281	248			2 708
2003	137	875	1 069	1 540	248		74	3 943
2004	137	1 196	1 069	1 540	248		74	4 264
2005	137	1 196	1 069	1 540	248		74	4 285
2006	137	1 285	1 272	1 540	876		74	5 184
2007	137	1 285	1 511	1 872	562		113	5 480
2008	137	1 285	1 599	1 872	744		113	5 750
2009	209	1 285	1 604	1 872	923	120	113	6 126
2010	209	1 285	2 056	1 896	923	120	113	6 602
2011	209	1 285	2 114	2 036	923	120	113	6 830

资料来源：Union Internationale des Chemins de Fer（updated November 2011）, high speed department: National sources

注：统计最低时速为 250 千米 / 时以上的线路。

市场占比最大。在日本和欧洲，500 千米以下，高铁获得 80% ~ 90% 的市场份额；在800 千米以下，也有50% 的市场份额（表 1–2），其中大部分是从公路运输分流而来。作为世界第一条高铁，日本新干线令东京到大阪之间的交通时间从近 7 个小时缩短到 2 个多小时，据统计，在 1964—1993 年的 11 年间有 9.77 亿人乘坐新干线，比利用传统铁路节约了 22.46 亿小时。从个人体验来说，以往在欧洲数国游历多半是搭乘大巴或小汽车，而近年来欧洲铁路通票旅行已悄然成为热点。笔者一行乘坐列车辗转欧洲四国，行程达 2 900 千米，体验了各种列车的旅行环境，首站从法兰克福到布鲁塞尔，乘坐欧洲之星高速列车仅用了 2 个多小时，比早年乘坐大巴旅行大大缩短了在途时间。

表 1–2　高铁运营后对区域交通运输市场的影响

国家和地区	线路	高铁运营后区域交通市场的改变	资料来源
日　本	三阳新干线	运营一年后（1971 年），客流量增加了 40%，其中 55% 来自普通铁路（包括 23% 来自飞机），30% 来自其他的交通模式，6% 为新增客流，9% 为未知	冈部 （Okabe，1980）
法　国	TGV 东南线	新增客流中的 33% 来自飞机，18% 来自公路，49% 为新增客流	博纳富斯 （Bonnafous，1987）
德　国	城际快车（ICE）	12% 的客流来自飞机和公路交通	维克曼 （Vickerman，1997）
西班牙	马德里—塞维利亚线	铁路（包括高铁）在交通市场中的运营份额从 14% 提升至 51%，飞机从 40% 下降到 13%，公共汽车和小汽车从 44% 降低至 36%。 高铁客流中的 32% 是从飞机运输市场转移的，25% 是从小汽车运输市场转移的，14% 来自传统铁路，29% 为新增客流	吉沃尼 （Giver，2006） 维克曼 （Vickerman，1997）
瑞　典	斯韦阿兰线	铁路客流从 6% 增加至 30%，新增客流中的 30% 来自城际快速大巴，25% 来自传统的区域公共交通服务，15% 来自小汽车，30% 为新增出行	弗洛伊德 （Froid，2005）
意大利	罗马—那不勒斯线	2005—2007 年，火车的份额从 49% 增加至 55%，小汽车从 51% 降低至 45%。 工作日新增 22.3% 的客流（其中，12.5% 为新的客流，9.8% 为原客流新增的出行次数）；7.8% 为从小汽车运输市场转移，0.7% 为从飞机和公共汽车运输市场转移，69.2% 为从传统铁路（IC+EC）运输市场转移	凯斯塔等人 （Cascetta，et al，2011）

根据爱因斯坦的相对论，空间除了三维的物理空间，还包含第四维度——时间。城市之间的地理位置和物理距离，是空间联系的主要度量。随着交通方式的不同，花费的时间也不一样，对城市距离的描述就不仅仅是多少千米了，比如“法兰克福到布鲁塞尔有多远？”“动车 2 个多小时吧”，若是大巴旅行团，导游的回答则可能是“6 个小时”。引用一个学术概念：“有效距离”，一个比几何关系的物理距离更加综合复杂的度量，不仅依赖于节点的属性，还取决于把物质距离作为基本要素的联系属性。当任何一个相关节点属性或联系属性发生变化时，有效距离也将发生变化。高铁带来的交通速度的提升（图 1–4）使人们能够以较少的时间完成与原来相同的出行距离（图 1–5），从而让人们产生了时空压缩的感觉。城市之间的距离加上时间，即“有效距离”将发生改变，有效距离的变化改写了相关城市的区位条件，对于城市之间的互动影响更是产生了巨大的变化。

在欧洲，网络化的高铁加强了核心地区与边缘地区之间的联系，更拓展了各个城市的经济腹地和辐射影响范围，使欧洲内部各经济体之间的市场联系日趋紧密，经济活动日益融合。例如欧洲首列国际列车——欧洲之星，将伦敦、巴黎和布鲁塞尔三个首都连接起来，列车运行时间在 3 小时以内，意味着有效距离的缩短有利于国际大都市的经济活力互动，提升了欧洲区域发展的聚居效应（图 1–6）。

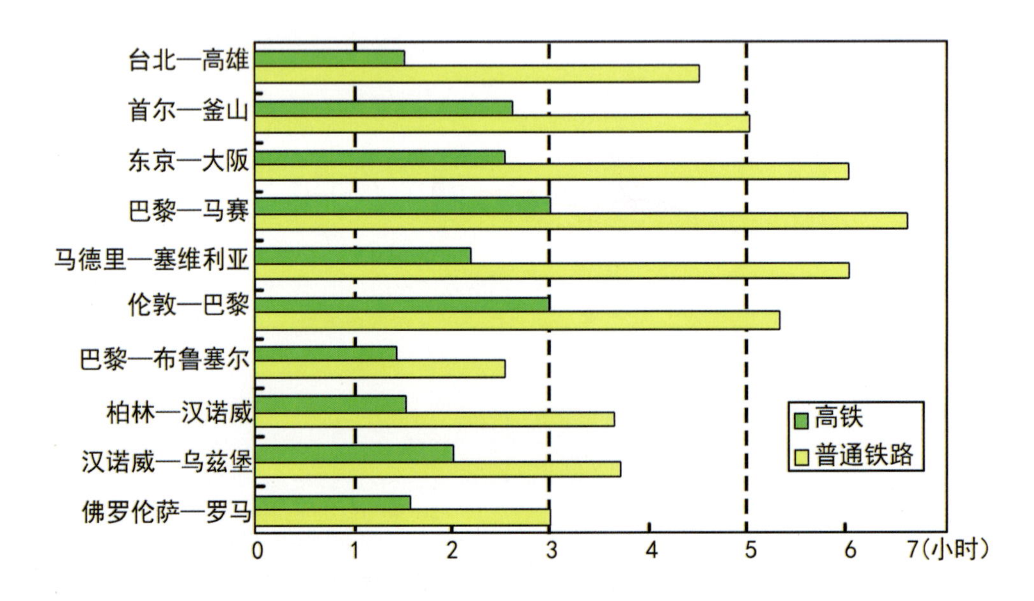

图 1–4　高铁与普通铁路运行时间比较

（图片来源：段进．空间研究 13：高铁时代的空间规划．东南大学出版社，2016）

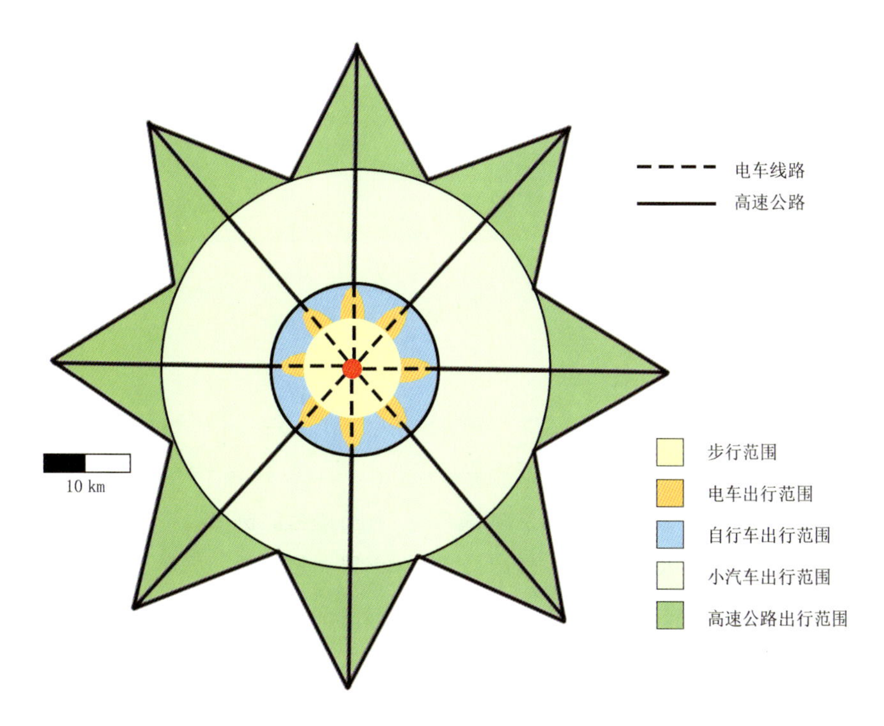

图 1–5　不同交通工具的一小时等时圈
（图片来源：https://people.hofstra.edu/geotrans/eng/ch3en/conc3en/hstsystems.html）

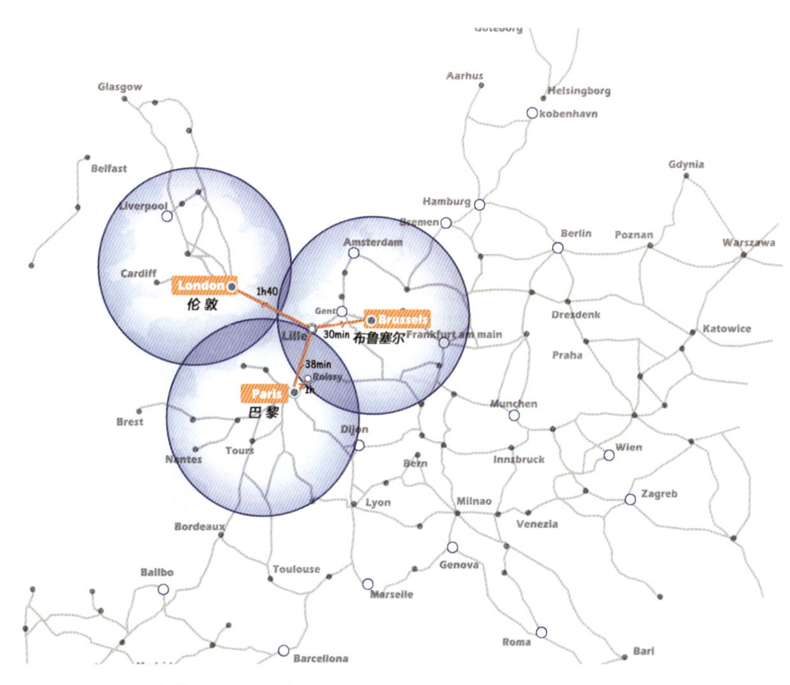

图 1–6　三大城市高铁三小时经济圈

高速铁路与传统铁路的融合

高速铁路因其速度和技术指标的不同，有完全独立的铁路线。但对于出行者而言，高铁只是众多交通方式之一。出行者出行的有效距离应该是“门到门”的总和。高铁线网的密度会比传统铁路线网的密度要低（图 1–7）。法国铁路总里程 30 000 余千米，其中高铁里程 2 000 余千米，仅占 6.7%，却是贯通法国重要城市的骨干线网，整合高铁线网和传统铁路将能提高铁路覆盖率和运营效益。

欧洲列车种类众多，各国标准也有不同，简化起来大致分成几类（表 1–3）：

1. 高速列车，运行速度为 300 ~ 350 千米 / 时，主要运行于国际之间或长途城际之间，如欧洲之星、法国 TGV 列车、德国 ICE 高速列车等。

2. 城际高速列车，运行速度为 200 ~ 300 千米 / 时，主要运行于城际之间，也可跨越相邻国家，如西班牙 Alivia 列车、葡萄牙 Alfa Pendular 列车等。

3. 普通列车，运行速度在 200 千米 / 时以下，主要运行于城际之间，也可跨越国家之间，如区域列车、夜间长途列车、观光车等。

各种类型的列车组合起来构成了丰富多样的铁路客运系统，组合的节点就是车站。在欧洲可以看到不管车站规模如何，经常有不同速度不同级别的列车并列在站台上。对于乘客而言，乘坐欧洲之星跨国旅行，在中转站换一个站台转乘城际列车抵达目的地，旅行效率大为提高（图 1–8）。对于运营商而言，可充分利用深入在城市内部的传统车站，快速拓展服务网络。

表 1–3　欧洲列车分类表

车型	速度	运行区域	代表列车	图片
高速列车	300 ~ 350 千米 / 时	主要运行于国际之间或长途城际之间	欧洲之星	
城际高速列车	200 ~ 300 千米 / 时	主要运行于城际之间，也可跨越相邻国家	西班牙 Alivia 列车	
普通列车	200 千米 / 时以下	主要运行于城际之间，也可跨越国家之间	意大利夜间长途列车	

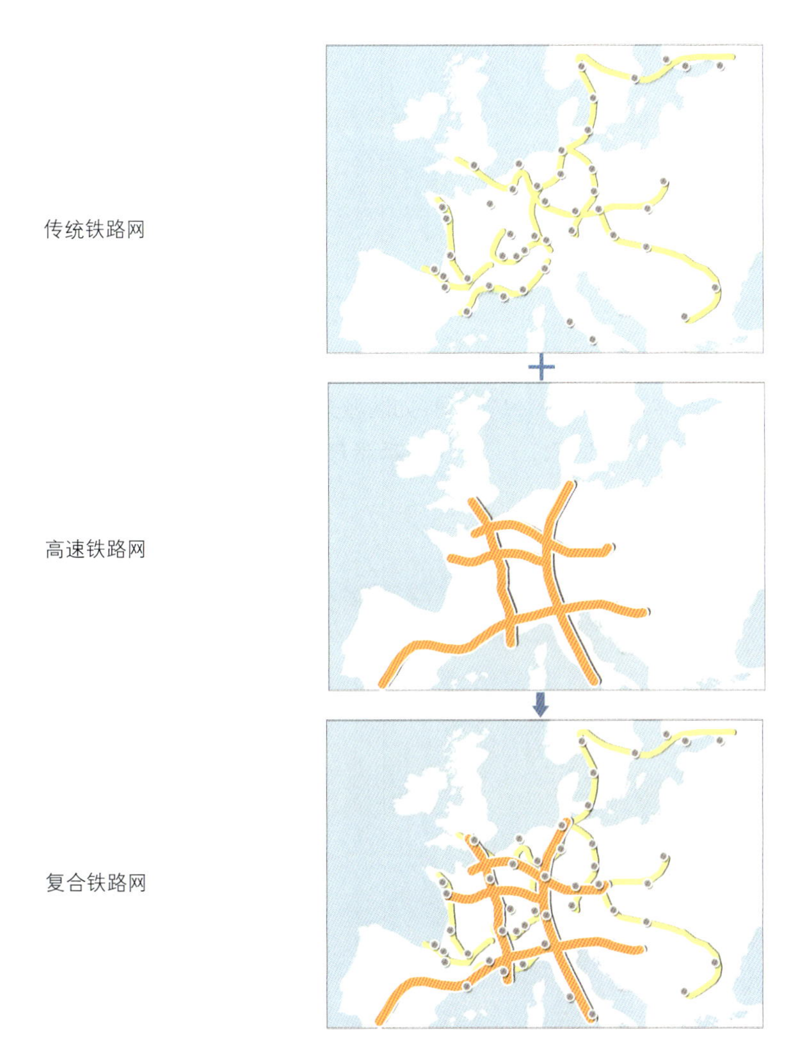

图 1-7　铁路网叠加示意图

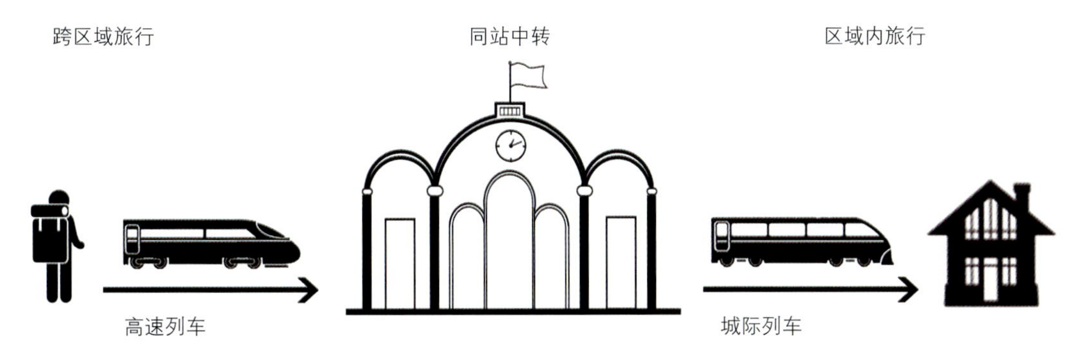

图 1-8　出行换乘示意图

车站与城市交通的耦合

火车站与城市交通的耦合关系十分重要。首先，路网要与车站规模相匹配。一览欧洲众多车站，周边都有围合的干道系统，不管是尽端式车站还是通过式车站，都有穿越铁路的隧道或者跨线桥梁，构成道路对车站的围合。而与国内不同，围合道路各重要节点基本采用平面交叉式，即使规模再大的车站，都不会设置专门的立交桥，以法兰克福中央车站为例（图 1-9），除了车站正门有局部广场外，两侧的道路与车站之间并没有大片的绿地或景观硬地隔离，公交车站、出租车站、行人斑马线直接紧邻车站建筑，整个车站的可识别性良好，各种车辆的组织流线简单明了，形成人与车站建筑非常亲和的空间关系。

德国的慕尼黑中央车站年客运量 1.6

表 1-4　考察车站公共交通设施组成及分担率

序号	车站名称	轨道交通	常规公交	公共交通分担率
1	德国法兰克福中央车站	U 地铁线 2 条，S 城市快铁线 9 条，有轨电车线 4 条	5 条	40% ~ 50%
2	法国巴黎里昂车站	巴黎地铁线 2 条，郊区地铁线 2 条	日间 9 条，夜间 15 条	55% ~ 70%
3	意大利米兰中央车站	地铁线 2 条，有轨电车线 4 条	16 条	30% ~ 40%
4	法国里尔欧洲车站	地铁线 2 条，有轨电车线 2 条	8 条	37% ~ 48%
5	法国巴黎蒙帕纳斯车站	地铁线 4 条	17 条	55% ~ 70%
6	比利时布鲁塞尔中央车站	地铁线 2 条	日间 8 条，夜间 10 条	60% ~ 75%
7	德国慕尼黑中央车站	地铁线 6 条，有轨电车线 11 条	18 条	32% ~ 55%
8	比利时布鲁塞尔南站	地铁线 2 条，轻轨线 2 条，有轨电车线 8 条	4 条	40% ~ 55%
9	葡萄牙里斯本东方车站	地铁线 1 条	24 条	40% ~ 48%
10	法国里昂帕迪欧车站	地铁线 1 条，有轨电车线 4 条	13 条	47% ~ 60%
11	比利时布鲁日车站	——	52 条	55% ~ 70%

注：1、公共交通包含地铁、城市快铁、轻轨、有轨电车、常规公交等交通方式。

2、部分数据资料来源：维基百科。

亿人次，法兰克福中央车站年客运量 1.3 亿人次，意大利的米兰中央车站年客运量 1.2 亿人次，法国的巴黎里昂车站年客运量超过 8 300 万人次，巨大的交通集散需求仅仅依靠围合干道系统是远远不够的。构建以大中运量公共交通为主体的交通快速疏散体系，是欧洲车站拥有强大的客运运输能力的关键。欧洲每个车站基本配置了以地铁、城际轨道、轻轨和有轨电车为主的轨道交通，同时构建四通八达的常规公交网络和方便快捷的出租车系统。对于诸如以对外出入境交通为主的法国巴黎里昂车站（图 1–10），还建设有完善的停车换乘系统（P+R）。强大的公共交通客运系统和便捷的换乘系统大大提高了各车站的公共交通分担率，本书收录的 11 座车站的公共交通平均分担率达到 50% 以上，其中法国各车站接近 70%（表 1–4）。

其次，交通疏散采取立体布设、功能分层、均衡疏散的设置原则，通过车站的立体设置实现不同交通功能和不同交通方式的分层疏散，其中，车站地面围合道路承担起分散集疏交通流的功能，立体设置则利于动静态交通的组织。

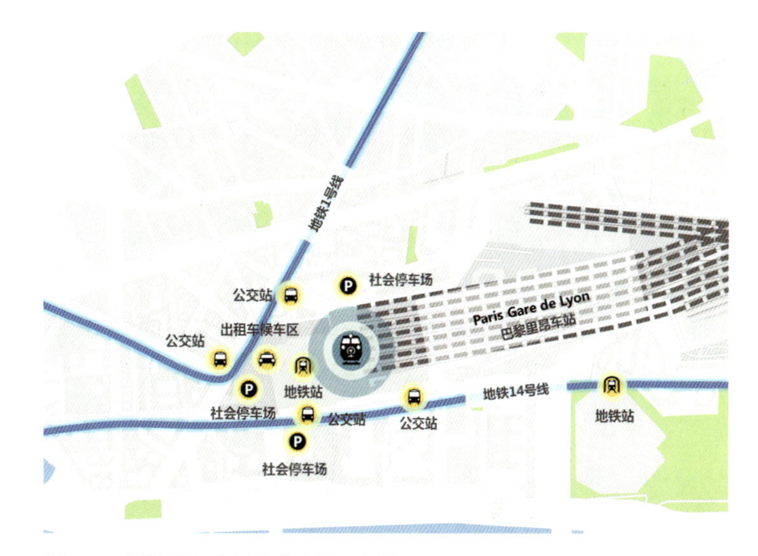

图 1–9　巴黎里昂车站公共交通示意图

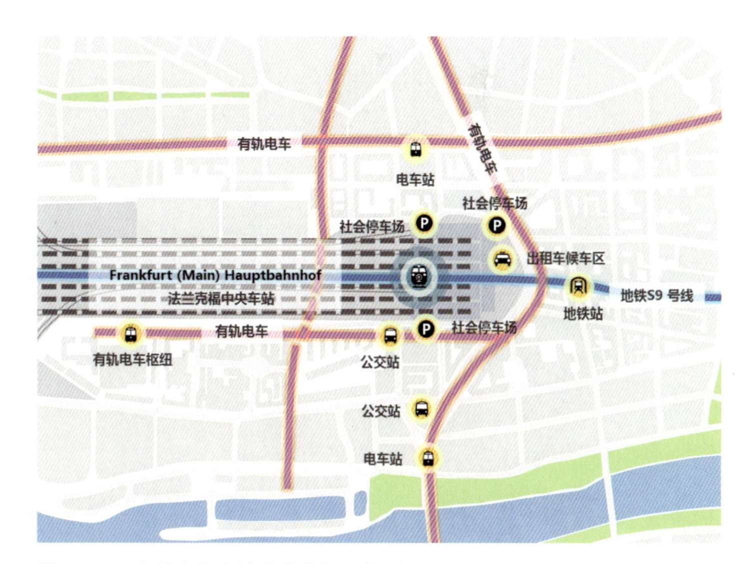

图 1–10　法兰克福车站公共交通示意图

车站与城市街区的融合

欧洲铁路发展历史悠久，车站的设置已完全融入城市街区之中。大城市拥有数座车站是很常见的，车站的服务功能差异也不大。巴黎有7座车站，布鲁塞尔有3座车站，每座车站均有城际列车和高速列车，出行的方向并没有局限于所处的方位，一切以满足旅客的市场需求为准。从城市布局来看，深入各个城区的综合性车站使交通服务更加均衡。一般来说，乘坐城市交通工具半小时内抵达火车站属于比较舒适的，一小时内还能接受，超过一小时就不能说便捷了。城市交通工具的平均时速为20～40千米/时，车站的最优服务半径也就30千米左右，对于小城市而言，一个车站即可覆盖，而对于一定规模的城市来讲，超大车站的交通吸引力过大，城市交通组织的难度加大，相对来说，车站均衡布局，城市交通也相应均衡，城市环境也较为宜居。

当然，高铁车站选址依托铁路线位，分为中间站和尽端站，中间站又分为单侧式和双侧式，按区位分为城中站、边缘站（建成区边缘）、外围站（建成区外围地区）三种（图1–11）。铁路线穿越城市不可避免地带来街区的分隔和对环境的影响，新建高铁线路也很难在建筑密集的城市建成区开辟新的线路，这也是我国高铁车站远离城市中心区的原因之一。

欧洲高铁依托传统铁路改扩建高铁线路，利于维持车站与城市的均衡关系，针对不同站址的实际情况，极尽匠心。布鲁塞尔的3个车站沿铁路线一字排开贯穿城市，其中南站为国际高铁欧洲之星的终点站（图1–12、图1–13），中央车站位于历史街区，铁路线穿越古城和皇宫，铁路建设在地下，受老区街道所限，站台居然设计成弧形，这些恐怕都突破了常规设计规范。对于布鲁塞尔这个国际城市以及世界知名旅游城市来说，3个车站繁忙的客流说明其发挥了应有的作用。欧洲有很多尽端式车站，个中原因不去深究，笔者认为通过尽端铁路把站址引入城区是个不错的形式，就像葡萄一样，有限的铁路干线就像是主藤，支藤把葡萄生长到各个城区。例如巴黎（图1–14、图1–15），铁路干线在城区的外围，基本都以尽端车站的形式进入城市街区，7个车站分布在各个区域，覆盖了巴黎105平方千米的城市面积，出行者很便捷地就可以享受车站的服务。

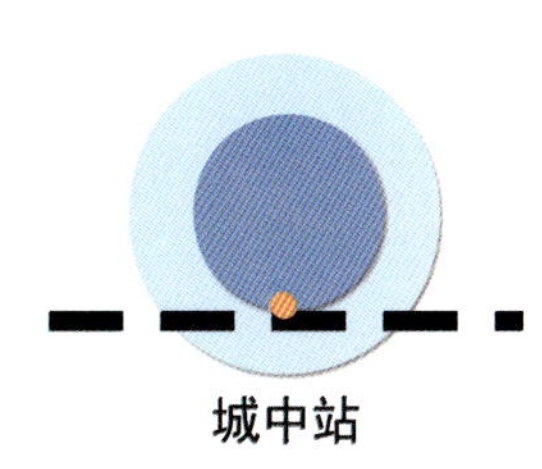

图 1–11　高铁车站选址类型

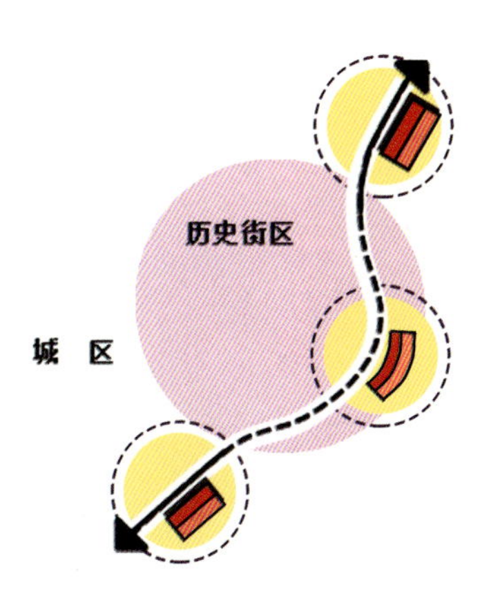

图 1–12　沿铁路干线布设车站示意图

图 1–13　布鲁塞尔车站示意图

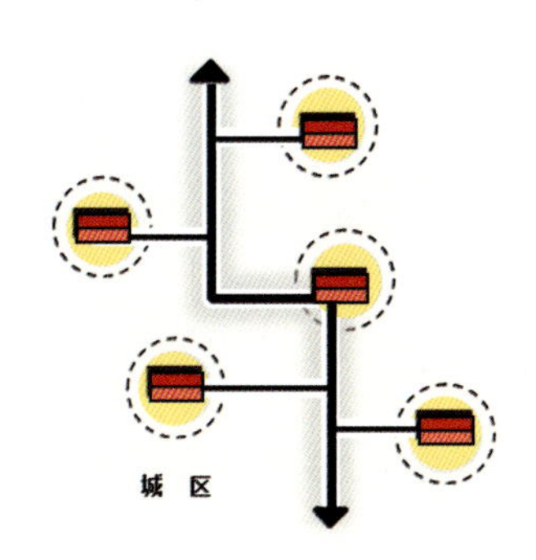

图 1–14　铁路干线外布设尽端车站示意图

图 1–15　巴黎车站示意图

车站与城市发展的互动

大都市的辐射效应也随着铁路线扩散到二、三线城市，尤其是交通汇集的综合枢纽，巨大的人流物流可以带动一座高铁新城的发展。按照触媒理论：城市触媒是“能够促使城市发生变化，并能加快或改变城市发展建设速度的新元素”，即通过某一特定触媒元素的介入，引发某种“链式反应”，促成城市建设客观条件的成熟，从而推动城市按照人们的意志持续地、渐进地发展。通过高铁这个触媒元素推动发展形成三个层次的开发特征（表 1–5），法国里尔欧洲站就是典型的例子。里尔是巴黎附近的工业小城，自从欧洲跨国高铁在这里交汇，其区位发生了改变，近的有巴黎、布鲁塞尔，远的有伦敦、科隆、阿姆斯特丹，都在其两小时经济圈内（图 1–16）。在交汇点建设的新车站注重与旧车站、国际与国内、城际与城市内交通网络的良好接驳，使里尔市一跃成为欧洲可达性最好的城市。这让里尔在欧洲的地位获得提升，成为法国北部边境的门户。最先配备物流与会展功能，不仅为传统工业升级提供基础，也为区域奠定形象。接下来依次发展商业中心，继而逐步满足商务办公需求。最后开展公园、广场等公共空间的建设。区域间不同板块由公建、绿化、娱乐设施相联系。里尔成为工业城市转向工商服务业城市的典范。

据研究文献：高铁站对城市发展的影响可以划分为核心区、影响区和外围影响区（图 1–17）。核心区适合建设与交通枢纽高度关联的商务旅游类服务设施；在影响区，除了商务旅游还可以建设与交通枢纽互动性较大的居住社区以及文化、教育、工业等大型园区。两者是以进入枢纽的可达性来划分的，前者步行 5 ~ 10 分钟可达，后者通过各种交通方式 10 ~ 15 分钟可达。葡萄牙里斯本东方车站最初只是为世界博览会建设的车站，车站的规模并不大，博览会场址就在车站的核心范围内，借助火车站便捷的交通接驳条件和良好的空间环境，临时博览会场馆实现了永久文化商业产业的华丽转型（图 1–18）。

表 1–5　与高速列车站可达性相关的开发地区特征比较（ Schutz,1998 ）

	第一开发地区	第二开发地区	第三开发地区
到达高速列车站的可达性	直接的。 5 ~ 10 分钟步行或通过一种交通方式（大众运输工具）	非直接的。 小于 10 分钟补充交通方式（含运输和换乘时间）	非直接的。 大于 15 分钟补充交通方式（含运输和换乘时间）
区位潜力	高等的国家（国际）功能	高等功能的第二选择，特殊地区（群）相关的专业功能	取决于特殊地区要素的各种功能
建设密度	非常高	高	取决于具体情况
发展活力	非常高	高	中等

图 1-16　里尔区位示意图

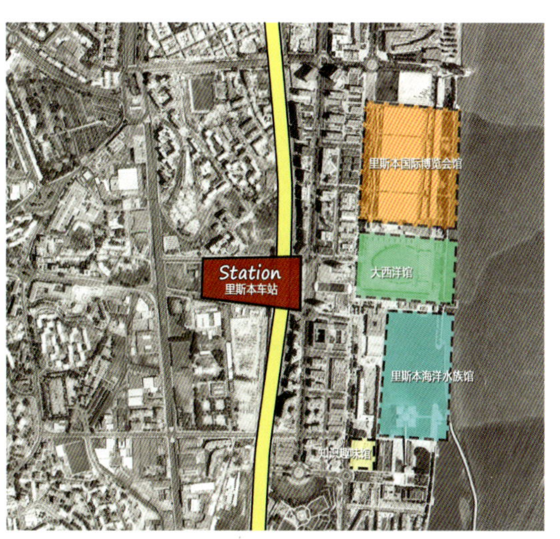

图 1-18　里斯本车站区位示意图

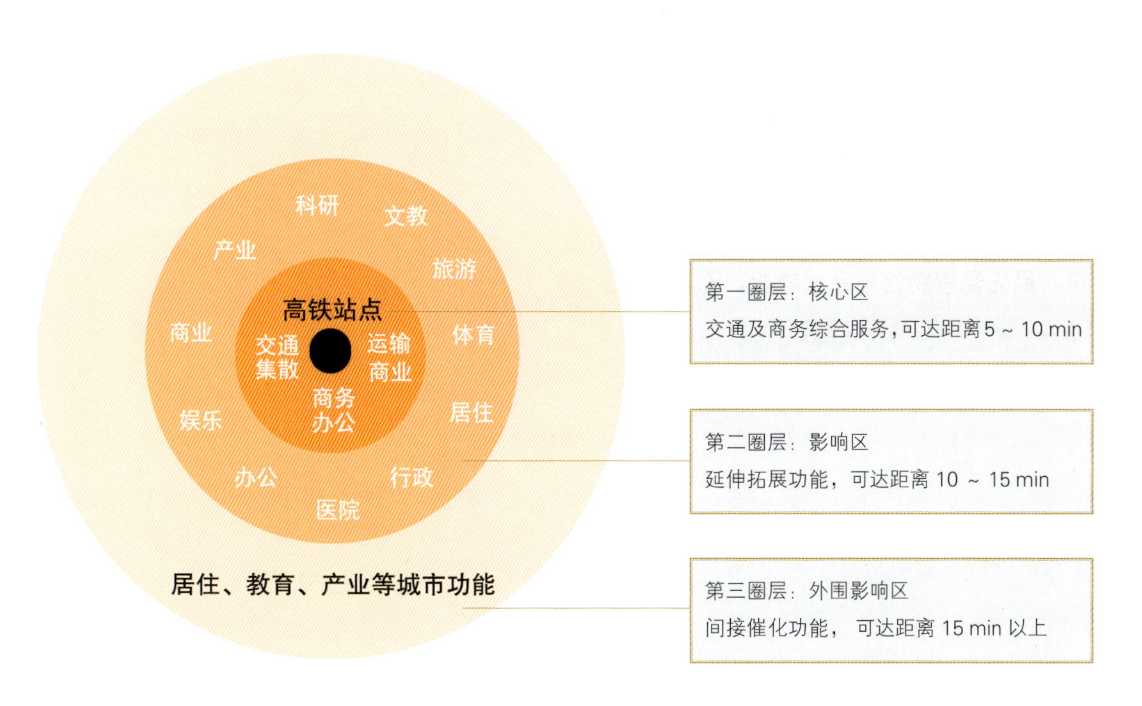

图 1-17　车站影响圈层示意图

车站功能组合的多元趋势

作为影响圈层核心的综合交通枢纽，自然成为城市土地利用的峰值地区。纵览欧洲车站，交通单一功能在逐渐改变，越是现代的车站，其业态中交通功能占比越低，例如里尔高铁枢纽地区 70 公顷的周边用地中办公、居住、商业的面积占到了 70% 以上，环视建筑群，车站就像办公建筑的群房。里尔欧洲车站以建筑群构成依托交通枢纽的城市综合体。巴黎蒙帕纳斯车站则是整栋的交通综合体，除了车站门面和停车场出入口，地面以上的建筑俨然一栋商务居住办公综合楼。

笔者见过的最经典的交通综合体莫过于日本京都车站（图 1–19），庞大的建筑中，车站只是位于一隅，使用面积仅占 5%（表 1–6）。这令人不禁要问：大型交通设施会产生大量的人流车流，交通组织以散为首；商业建筑也有大量的人流车流，交通组织以聚为佳。两者不矛盾吗？我们已习惯令其分离，避免叠加，而现代车站恰恰是充分利用大量人流带来的商机进行多功能的开发。虽然叠加需求应占不小的份额，附加功能的使用人群可能比交通乘客还多，这就要求交通组织的理念和功能构成全面更新。

鉴于商业建筑的功能特性，交通尺度以人为宜，吸引集聚；车站设施则要求快速集散，除了出入口的平面分工安排，还要做好立体布设的文章。动态或静态的机动车流基本都安排在地下空间，地面则都留给了人流。

细究京都车站和蒙帕纳斯车站，公共交通优先在此得到了充分的体现，多条地铁公交线路以最近的换乘距离承担了主要的交通过境流量，同样也方便了商务人群。

车站的人流量，第一类多为铁路匆匆过客，以地铁公交为主，小汽车为辅，在地下快速疏散；第二类以综合体为目的地，进行集会、商务、消费，只在铁路进出；第三类为商务顾客，地下地上往来而不与铁路相干。人来人往，各自有序。说到这里，到底是交通促进了商业，还是商业促进了交通？实际上在新交通时代，两者是存在相关性的，正如王建国在《城市设计》一书中指出：城市、建筑、交通一体化成为当代城市设计和建设的一种趋向，这种多功能、复合性的建筑综合体，可以说是适应社会要求、经济发展和城市土地集约使用的必然产物。现代城市设计应担负起为各种流动形态（人、车等）的和谐交织而努力的责任，同时应使建筑物与交通系统有机结合。集约土地开发，复合使用功能，适应人们的多样需求，已成为现代城市的发展趋势。

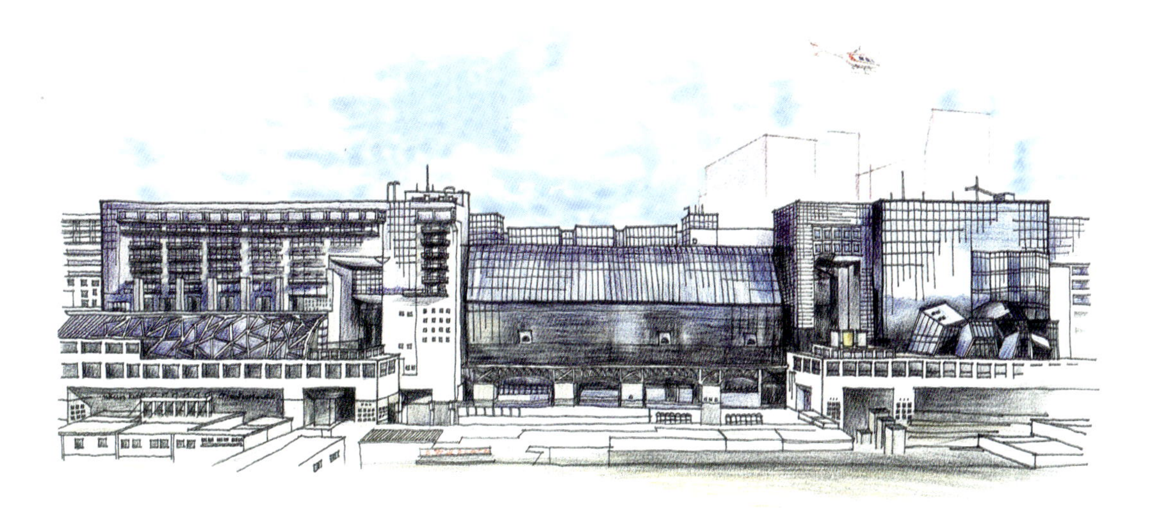

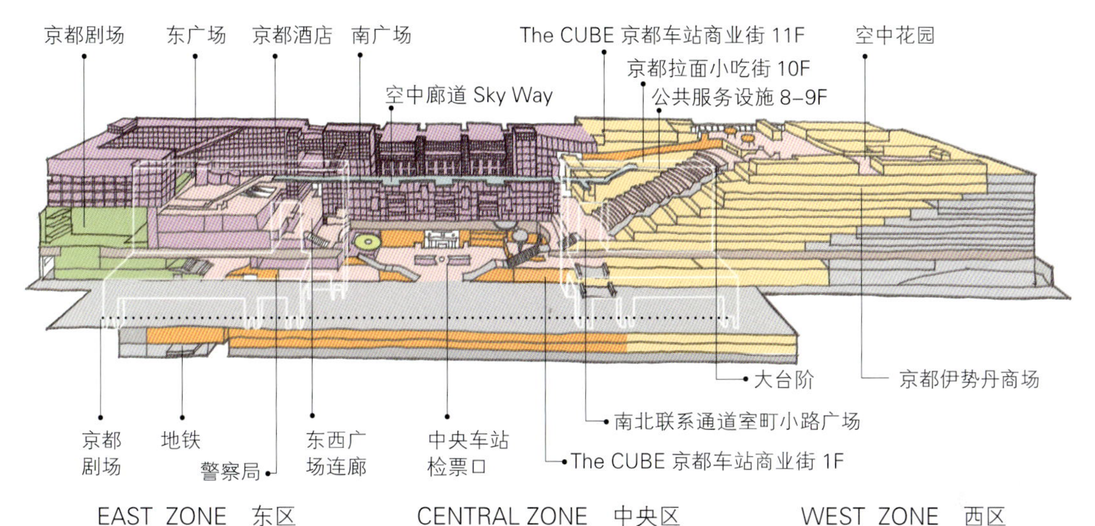

图 1–19　京都车站正立面及内部功能示意图

表 1–6　京都车站功能比例构成表

名称	面积（万平方米）	占比（%）
总建筑面积	23.8	100.0
车站	1.2	5.0
宾馆	7.0	29.4
复合商业	8.8	37.0
文化设施	1.1	4.6
行政办公设施	3.8	16.0
停车场	1.9	8.0

数据资料来源：整理京都车站相关规划

车站与特定空间的嵌合

欧洲各国环境相似，经济高度依存，分布各地的车站有很多共性特征。但就车站本体而言，则各具特色，独具匠心，其中不乏经典优秀之作。笔者认为项目的个性能否成为经典，很大程度上取决于与站址特定环境的嵌合度。特定环境包括时空、区位、社区以及地形地势等。

欧洲铁路历史悠久，文艺复兴时代给当今留下不少文化遗产，承合历史，保留历史建筑遗存，车站适当扩建以满足现代化的交通需求，例如德国法兰克福中央车站。

充分发挥交通枢纽的区位优势，复合城市功能，集群开发建设，以大型建筑群的形象面世，结合车站建设城市综合体，法国里尔欧洲车站最有代表性。

有时候，经典不一定要彰显车站主体建筑，像布鲁塞尔中央车站，鉴于所处的历史文化街区，铁路建于地下，车站掩映在历史建筑群中，堪称融合街区的经典。

站址的地形地势千差万别，但横贯铁路对两侧环境的割裂是一个共性问题，巧妙地利用车站来缝合裂隙，其匠心可颂，葡萄牙里斯本东方车站就是很好的案例。

本书收录了欧洲的 11 座车站，通过空间模式的特征分析（表 1–7），将其划分为四类：历史空间的承合、城市功能的综合、街区空间环境的融合以及铁路隔离空间的缝合，特以此为线解析各车站空间，敬请展阅。

表 1-7　车站空间模式特征分类表

序号	车站名称	平面模式	立面模式	特征	分类
1	德国法兰克福中央车站	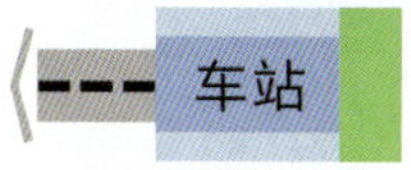 车站	 车站	保留历史建筑	历史传承
2	法国巴黎里昂车站	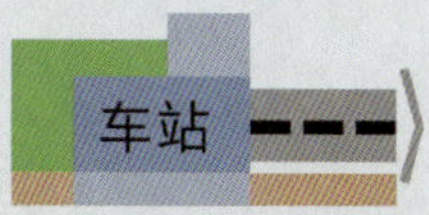 车站	 车站	保留历史建筑	历史传承
3	意大利米兰中央车站	 车站	 车站	保留历史建筑	历史传承
4	法国里尔欧洲车站	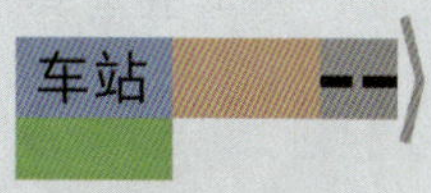 车站	 车站	综合建筑群	综合体
5	法国巴黎蒙帕纳斯车站	 车站	 车站	建筑综合体	综合体
6	比利时布鲁塞尔中央车站	 车站	 车站	融于历史街区	街区融合
7	德国慕尼黑中央车站	 车站	 车站	融于街区	街区融合
8	比利时布鲁塞尔南站	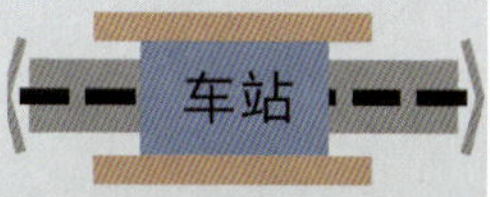 车站	 车站	融于街区	街区融合
9	葡萄牙里斯本东方车站	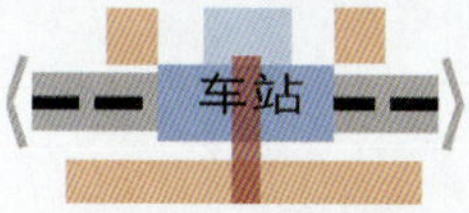 车站	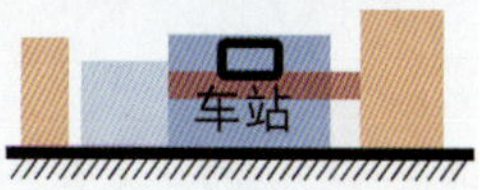 车站	连接两侧商业	缝合隔离
10	法国里昂帕迪欧车站	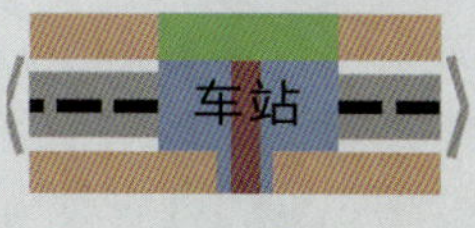 车站	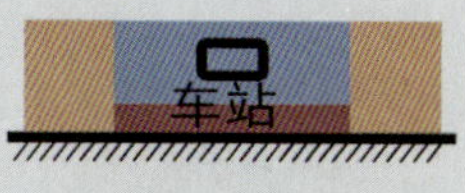 车站	连接两侧商业	缝合隔离
11	比利时布鲁日车站	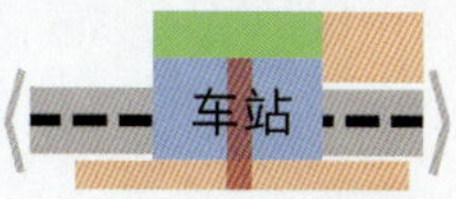 车站	 车站	连接两侧办公	缝合隔离

注：车站　配套设施扩建　站前广场　其他建筑　过道　车站　铁路　地面

第二章　空间承合篇

历史悠久的欧洲火车站中不乏造型优美、建造精良的建筑，给后人留下不少历史文化遗产。当老车站遇上新高铁，无论是规模还是功能都产生巨大的变化。既要保护和传承，也要发展和适用。要保护好历史建筑，继承传统街区的空间氛围，同时要顺应现代交通的发展，适用交通枢纽的多元需求。本章收录的三个车站，以其独特设计营造的空间，让人们游走于历史与当代之间。

HAUPTBAHNHOF

Frankfurt（Main）Hauptbahnhof

德国法兰克福中央车站

行走印象

夜幕下的法兰克福中央车站（Frankfurt（Main）Hauptbahnhof）金光璀璨，圆拱上的精美雕塑似乎诉说着文艺复兴的辉煌。确实这是一个欧洲传统的老车站，尽端式站台笼罩在圆拱之下，很多欧洲电影都有这样的场景。今天的法兰克福是德国重要的交通枢纽城市，法兰克福中央车站也是欧洲最大、最繁忙的车站之一，每天上千趟的到发量，人流进出不下 45 万人次。站房尺度依旧保持原有经典，站厅只是做了适度的扩建，车站三个侧边却最大限度地开放，正门主干路安排了有轨电车专用道和地铁口；侧边支路是公共汽车站，对面有专门的停车楼；车站背后铁路线下有地下车道，与车站周边道路形成有序的交通流；前方商业街亦保持着传统的尺度和业态，无疑为现代交通设施继续提供不可缺少的服务功能。不远处高耸的现代建筑勾勒出城市轮廓线，城市的历史脉络很自然地展示在世人面前。

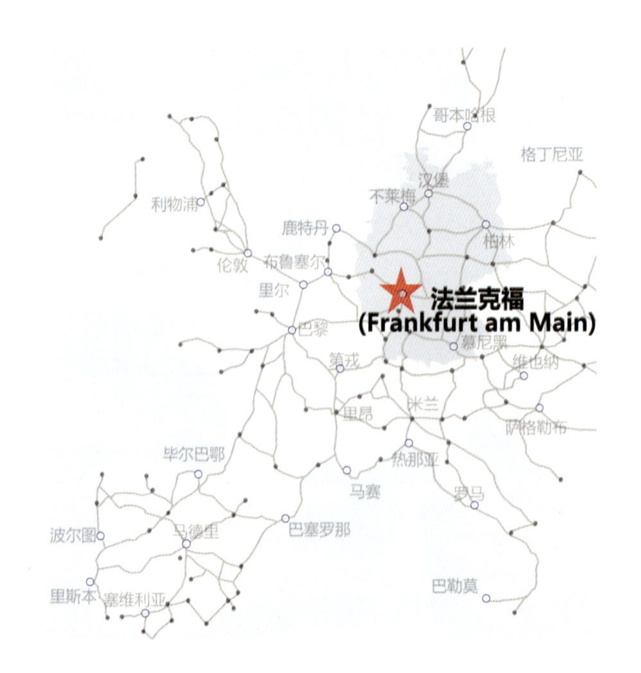

图 2-1　法兰克福区位示意图

图 2-2　法兰克福中央车站区位示意图

车站简介

法兰克福中央车站所在城市——法兰克福（Frankfurt），是德国第五大城市，欧洲重要的工商业、金融和交通中心，位于德国西部的黑森州境内（图 2-1），处在莱茵河中部支流美因河的下游。法兰克福拥有德国最大的航空枢纽、铁路枢纽。城市面积为 248.31 平方千米，人口为 74.69 万（2017 年）。

法兰克福中央车站位于老城中心西南侧，是法兰克福三大车站之一（图 2-2），列车开往德国 90% 以上的城市以及欧洲部分国家。车站始建于 1888 年，为尽端式车站，共有 25 个站台，车站客流量每年约为 1.3 亿人次。

图 2-3　法兰克福中央车站

城市观察

法兰克福中央车站周边基本维持 18 世纪街区的城市肌理，街道窄，密度大，多为五层楼的老式建筑，底楼均为商业店面；车站正对凯撒大街，大街两侧都是餐饮商铺，每当华灯初上，这里便热闹非凡。这条路特意改成尽端路，既减少对站前交通的影响，又保持商业街区特性（图 2-3—图 2-5）。

历史街区并非都是老建筑，新建的房子与周边环境协调。居住、办公、商业功能混杂，见缝插针地建设了不少停车设施，在车站的外围区域完善了火车站的交通配套需求（图 2-6）。

穿越历史街区则是高楼林立（图 2-7），欧洲金融中心位于此地（图 2-8）。

图 2-4　车站周边特色街区

图 2-5　夜幕下的车站及周边

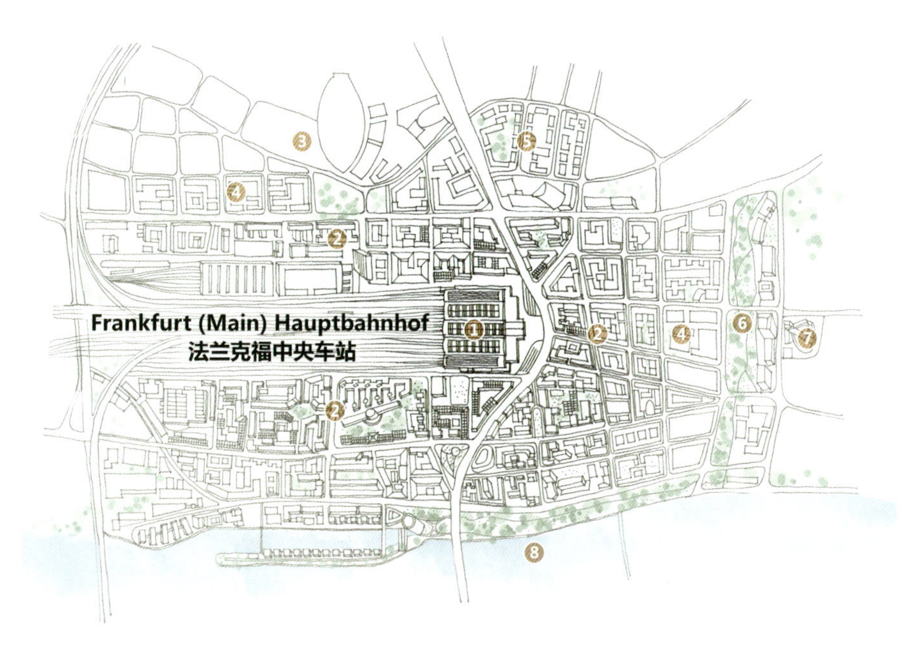

图 2-6　以车站为中心的空间布局图

图 2-7　车站外围商务区

图 2-8　从凯撒大街看欧洲中央银行

空间解析

法兰克福中央车站位于城市中心，车站周边两个街区以传统的历史街区为主，古老的车站建筑已然成为历史街区的地标建筑。而作为现代的交通枢纽，城市交通的发展扩张并没有对老城格局的保护造成冲击，法兰克福老城及街道被完整地保留下来。围绕车站形成放射状街道空间，舒适宜人，相邻街区一直延续原有的建筑风格，城市特征明显。

对于车站本身，传统的车站主体承担出入口集散功能，站厅的适当扩建满足了车站候车及上落功能，开放的站厅设计便捷直观，来去匆匆的人流中不乏推着自行车穿行的乘客，站台外围形成车站配套设施和商业建筑群，同时设置了三个方向的出入口与城市交通衔接。大量的人流通过地下空间开发往周边疏散，通过地下空间连接地铁、串联至老城商业步行街区（图 2–9）。

和传统 TOD 圈层开发相反，法兰克福并不是依托车站形成高强度的开发模式，而是承合老城区的功能，保护并延续着老城传统肌理格局。车站与老城整体风貌融合，构成法兰克福传统历史文化街区。穿过老城区，开发强度逐渐增大。沿着老城周边形成的宽敞带状绿化公园，亦是法兰克福新旧城区的分隔线。新城的开发则采用高强度的开发模式，高楼林立，各国金融总部基地交相辉映，形成法兰克福时尚现代的商业办公区（图 2–10、图 2–11）。以法兰克福中央车站为中心，形成凹字形的由低至高起伏的天际线（图 2–12）。

法兰克福中央车站采用主体保护、适度拓建、外围配套的历史建筑保护方式；历史街区则采用核心保护、相邻协调的历史传承空间模式。

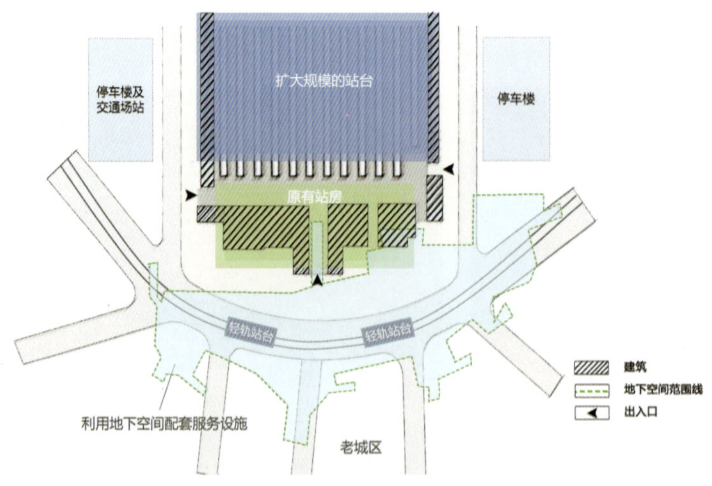

图 2–9　车站站房扩建和地下空间开发示意图

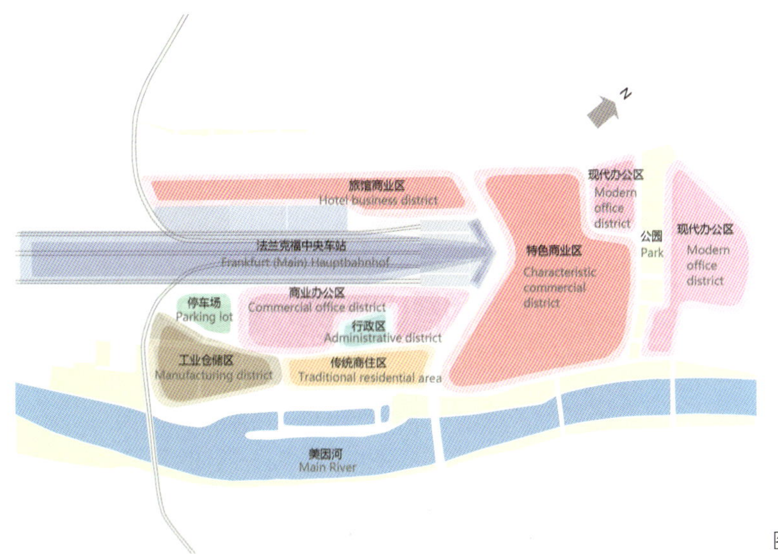

图 2-10　车站周边功能示意图

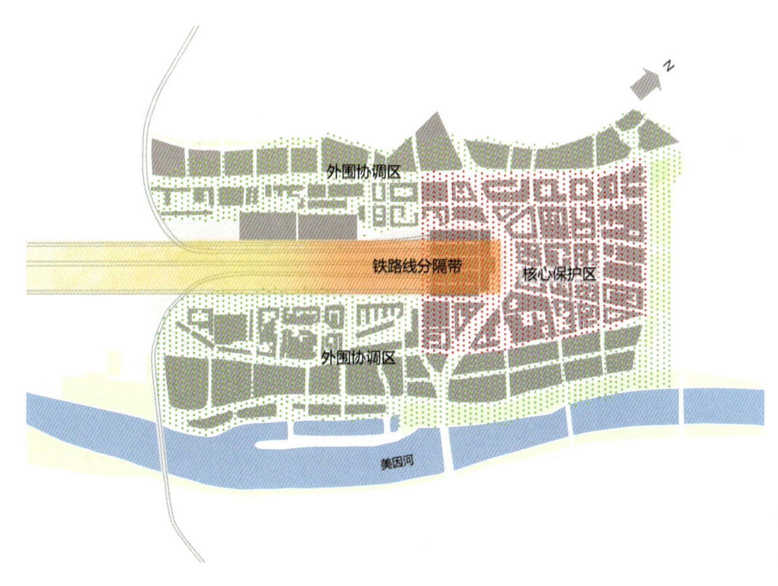

图 2-11　历史风貌核心区和外围协调区示意图

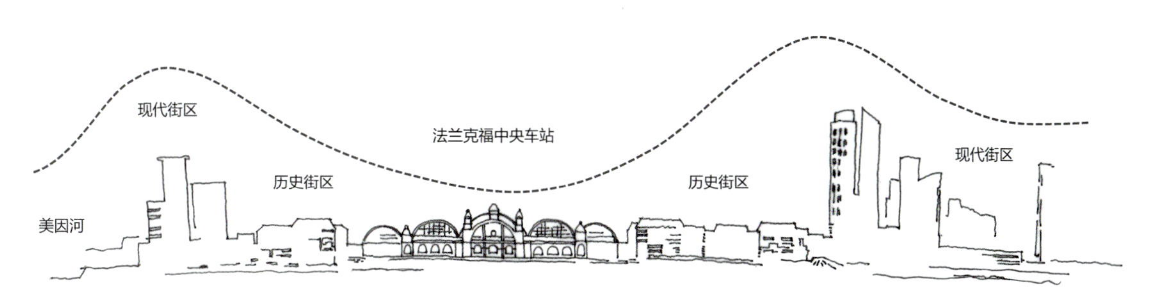

图 2-12　车站及周边的城市天际线示意图

交通研判

法兰克福中央车站周边交通便捷，出租车、社会车辆、市内巴士、长途巴士、有轨电车、地铁各种交通方式集结，是法兰克福最大的交通枢纽。

车站共设置三个出入口，北侧为主入口，东西两侧出入口与站房通道相连。社会公共停车场主要分布在车站的东西两侧，车站正左前方亦有部分公共停车场以及出租车候车区。车站正前方东侧为市区内公共汽车候车站。穿越正前方道路便是有轨电车站台和地铁出入口（图2–13）。实例照片如图2–14—图2–22所示。

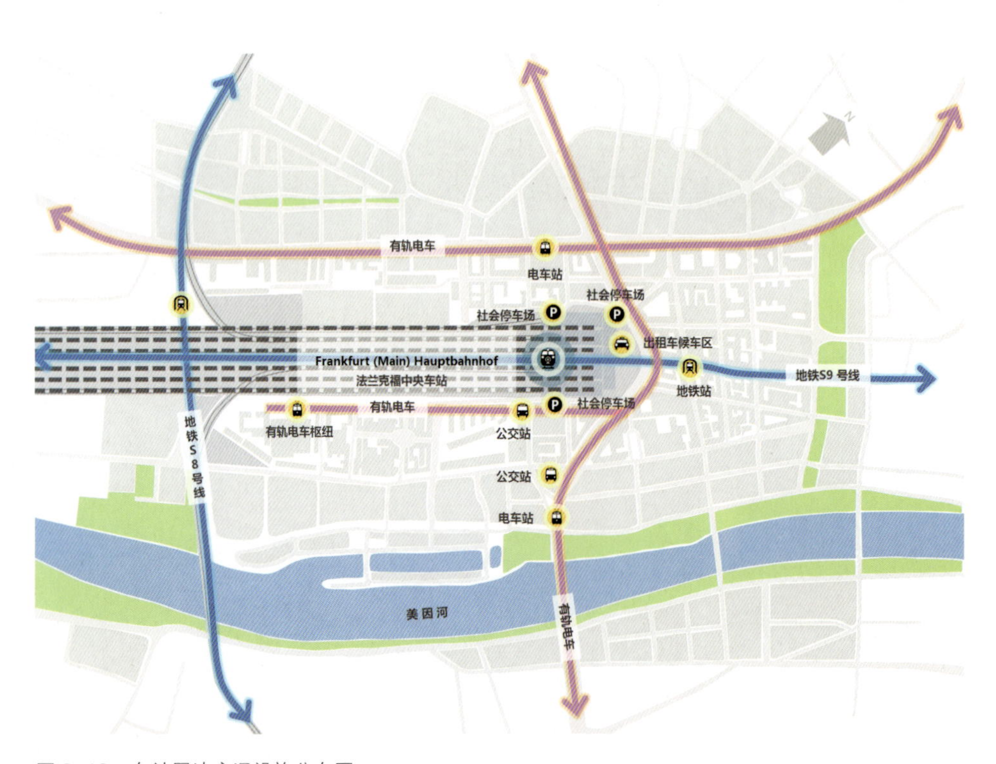

图2–13　车站周边交通设施分布图

图 2-14　自行车租赁区

图 2-15　电动汽车租赁区

图 2-16　车站东侧的停车楼

图 2-17　站前广场的出租车候车区

图 2-18　车站东南侧的公共汽车站

图 2-19　地铁站台层

图 2-20　车站正前方的有轨电车站

图 2-21　车站东侧的长途汽车站

图 2-22　车站正前方的地铁出站口

法兰克福中央车站紧临城市干路，通过区域内“环状 + 放射状”的干路可方便到达车站（图 2–23），周边区域基本形成“三横五纵”的路网结构，共通过两条交通干道跨越铁路站场，用以连接站场两侧区域路网和城市街区，各交通节点均采用平面交叉设置，通过建立完善的公共交通体系，大大降低车站的个体机动化出行，从而减少车站周边各道路节点交通压力，使各类交通组织平稳有序。

法兰克福中央车站共设置有 2 条地铁线、9 条城际快铁线、4 条有轨电车线和 5 条常规公交线，强大的大中运量公交系统使得法兰克福中央车站的年客运总量达到 1.3 亿人次。车站周边的交通流线分析如图 2–24 所示。通过对现状区域路网承载力进行分析，结合相关资料查询，以车站区域交通设施运输能力为判断基数，得到公共交通客运总量为 4 300 万 ~5 400 万人次，则公共交通年平均分担率达到 50%，其公交分担率测算如表 2–1 所示。同时，通过 9 条城际快铁线，实现直接中转火车站的年客运量达到 2 500 万人次，大大降低了车站周边的道路交通压力。

图 2–23　车站区域路网结构图

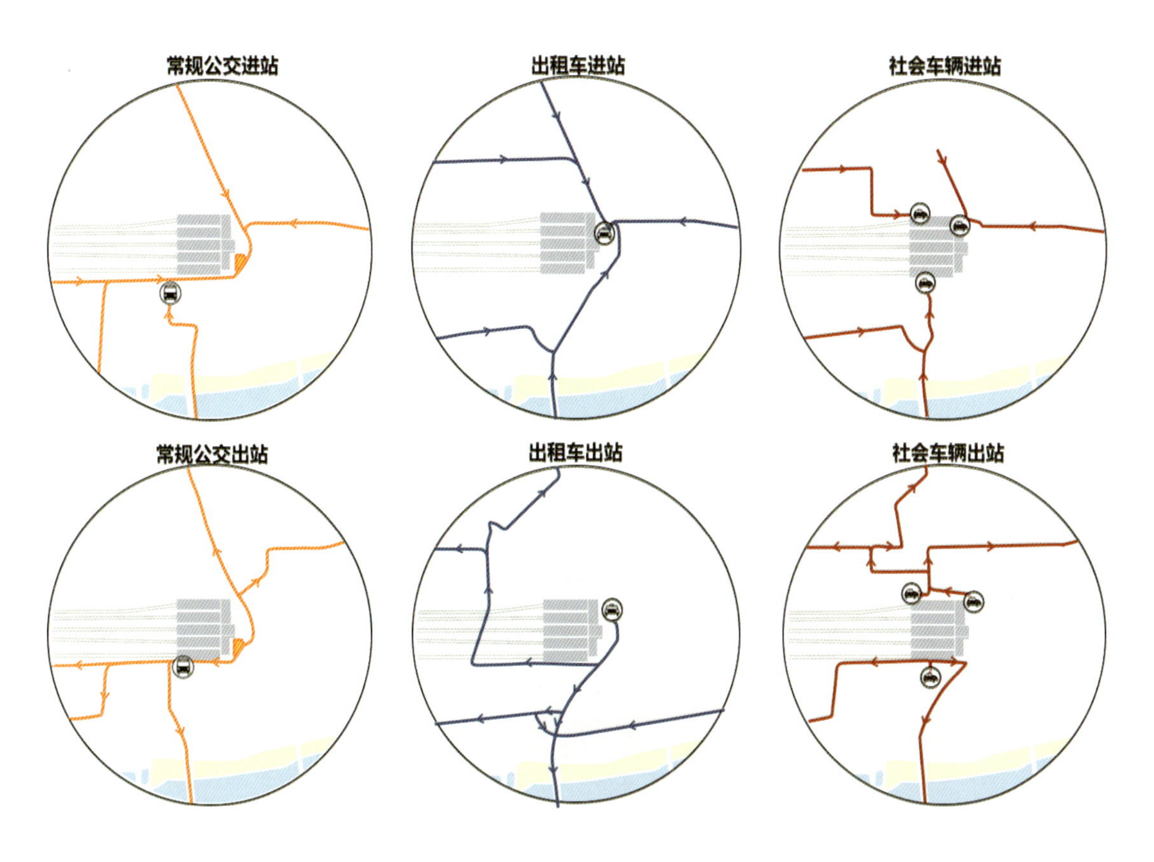

图 2-24　车站周边交通流线图

表 2-1　车站公交分担率测算表

车站股道（条）	周边路网组成	轨道交通	常规公交	年客运量（万人次）	公交年客运量（万人次）	公共交通分担率
25	三横五纵	地铁线 2 条，城际快铁线 9 条，有轨电车线 4 条	5 条	13 000（2 500）	4 300 ~ 5 400	40% ~ 50%

注：年客运量中括号内数据为城际快铁直接转乘火车的年客运量。

内部探访

法兰克福中央车站是在传承老站风格基础上的功能更新，现接纳德国所有级别的列车进站，车站平面布置采用地面轨道和开放站台，轨道道岔都沿垂直方向延伸至大厅。从站前广场主入口及两侧入口进入站台直接换乘。站内共有 25 个供长途火车使用的月台、4 个城际快铁（S–Bahn）月台、4 个地铁（U–Bahn）月台及 6 个电车月台。地铁位于地下一层，直接在站厅内设置出入口，构建地铁与高速 / 城际铁路的无缝衔接（图 2–25、图 2–26）。

车站内部由钢结构大圆拱围合，主要为与站台相连的换乘大厅和铁路站台，车站内部两侧布置便民商业设施，有餐饮、花店、书店等业态，候车空间与商业空间完美结合。实例照片如图 2–27—图 2–29。

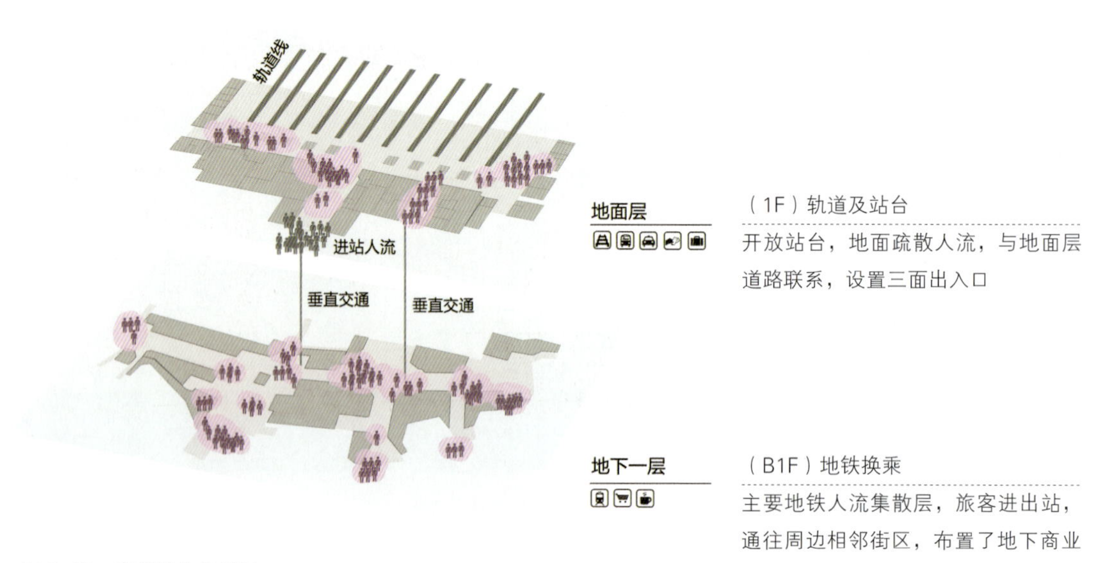

图 2–25　车站竖向分析图

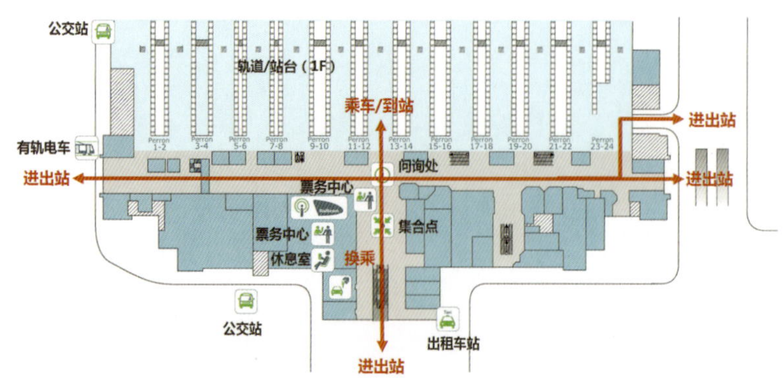

图 2–26　车站地面层平面及流线图

图 2–27　站台售票及换乘空间

图 2–28　轨道布局及站台空间

图 2–29　内部商业空间

镜头采撷

- 车站建筑雕塑上布满了细针，或许可以防止鸟类停留（图 2–30）
- 充分利用老车站地下空间（图 2–31）
- 独特的气味暴露了街角小品的真实身份（图 2–32）
- 车站内的候车站台（图 2–33）

图 2–30 雕塑顶部长刺能防鸟吗?

图 2–31 老站房内可以挖出个地下空间

图 2–32 街角小品还有这种功能

图 2-33　车站内候车站台

E DE LYON
SNCF

Paris Gare de Lyon
法国巴黎里昂车站

行走印象

巴黎里昂车站（Paris Gare de Lyon）是巴黎经典车站之一，标志性的钟楼已经屹立了百余年，其车站内号称达到凡尔赛宫装潢水平的“蓝色列车”贵族餐厅更是充满了传奇色彩。就交通设施而言，巴黎里昂车站是法国高铁第一站，1983 年开通的巴黎到里昂的高速铁路（TGV）就从这里出发，如今里昂车站的运量在巴黎的 7 个火车站中排名第三，历史建筑与流量需求是如何平衡的呢?

沿着坡道走近车站，熟悉的古典风格立面和高耸的钟楼展现在面前（图 2–36），绕到侧边，玻璃幕墙的裙房悄悄地把建筑物延伸至半条街道，再往前，不知不觉就走过了上百年，从文艺复兴穿越回当代。

进入站厅，就看到传统的尽端式站台、传统的铸铁顶棚，还有那“蓝色列车”餐厅大楼梯。仔细看，增加的裙房布置了各种配套设施，出门即有过街天桥与对面的商务建筑相通；占据半条街的裙房下层则容纳各类停车设施及地铁。传统的站厅有寥寥数个站台，在另一侧有醒目的标志：Hall 2 第二候车大厅，穿过传统的走廊，十几个站台一溜排开，新站台与老站台有机结合，规模堪称巴黎第三。

正如网络中流传的说法：“蓝色列车”餐厅的入口楼梯很一般，进去才发现如此的金碧辉煌；不进入老车站也难识其庐山真面目。

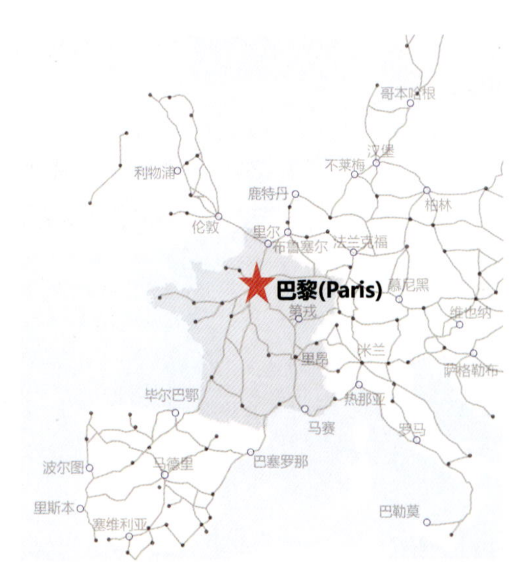

图 2–34　巴黎区位示意图

图 2–35　巴黎里昂车站区位示意图

图 2–36　巴黎里昂车站

车站简介

里昂车站所在城市——巴黎（Paris），是法国第一大城市（图 2–34），欧洲大陆最大的城市，地处法国北部巴黎盆地中央，位于塞纳河畔，是法国的政治、经济、文化、商业中心。市区面积为 105.4 平方千米，人口为 220.65 万（2015 年）。

巴黎里昂车站是全市的 7 个火车站之一（图 2–35），位于巴黎市区十二区，塞纳河右岸，与巴黎奥斯特利兹车站隔河相望，列车主要开往法国东南部地区。里昂车站在 1849 年被称为“里昂月台”，1871 年车站局部被焚毁后修复，又于 1900 年巴黎世博会期间重建，由工程师马里尤斯·图杜瓦尔（Marius Toudoire）负责，新车站门面上建成了一个 64 米高的钟塔（图 2–36）。里昂车站为尽端式车站，拥有 13 个站台，22 条铁路线，车站客流量每年约为 1 亿人次，是巴黎第三繁忙的铁路车站。1984 年 12 月 28 日，里昂车站成为法国历史文物之一。

城市观察

里昂车站保留了原有的站房，厚重的车站建筑呼应着对面的历史街区，继续演绎着百年的繁华。对于车站主体，在此侧增建了站房（图 2-37），以补充完善现代车站的各种功能，建筑风格却斗转现代画风（图 2-38），与城市街道形成完美的融合。车站相对于塞纳河地势较高，车站的西北侧与城市干道和跨江桥梁相连，沿着河边现代建筑鳞次栉比。里昂车站空间布局如图 2-39 所示，照片如图 2-40—图 2-43 所示。

图 2-38　巴黎里昂车站钟楼

图 2-37　车站背立面

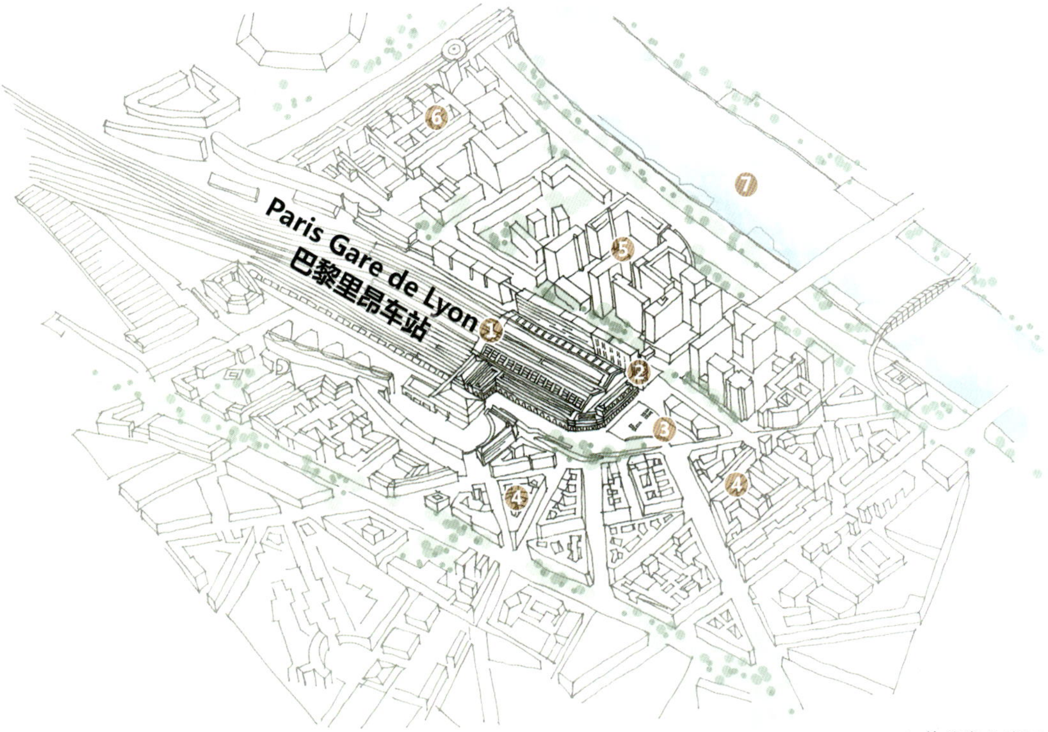

Paris Gare de Lyon
巴黎里昂车站

1. 车站站房及轨道
2. 里昂车站钟楼
3. 站前广场
4. 传统商业街区
5. 现代商业商务区
6. 政府机关
7. 塞纳河

图 2-39 以车站为中心的空间布局图

图 2-40 车站北立面

图 2-41 车站北侧周边建筑群

图 2-42 车站外围新建办公建筑

图 2-43 车站南侧上盖建筑

空间解析

和巴黎其他火车站一样，里昂车站的尽端式布置深入城市中心，不同的是，里昂车站位于新老城区交错地区，风貌特色鲜明。传统建筑的保护手法通常是核心保护，周边要有一定范围的风貌协调区，法兰克福中央车站即属于此类。但里昂车站对于历史建筑的保护与改造另辟捷径，站房就像舞台表演中的双面人，西北面传统建筑形象依旧，东南面则为现代面孔，也就是说，在保留车站老建筑的同时，需要提升车站功能的扩建部分则采用现代手法，现代与传统合为一体（图 2–44、图 2–45）。这种手法的高明之处就在于边界的选择恰到好处，从城市场景提供的视角观察，现代建筑融入传统老城风貌中，两者不显突兀。这里不仅是一处精美的历史建筑，更是一个承合空间并融入现代城市风格的艺术品（图 2–46）。

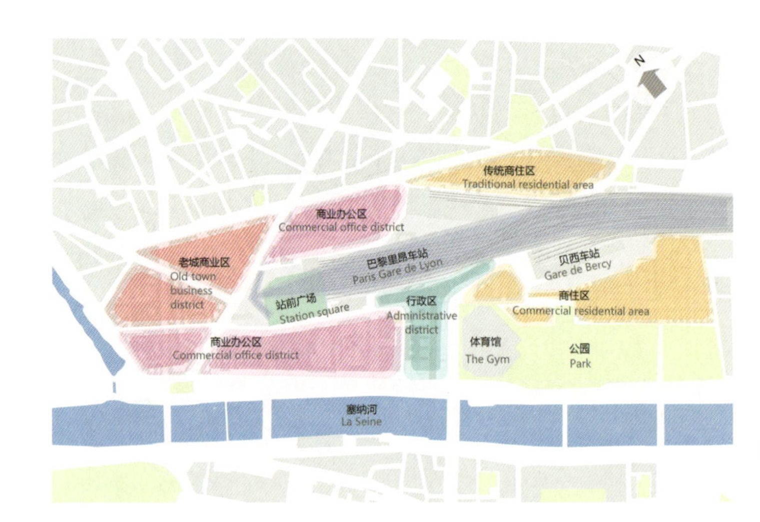

图 2–44　车站周边功能示意图

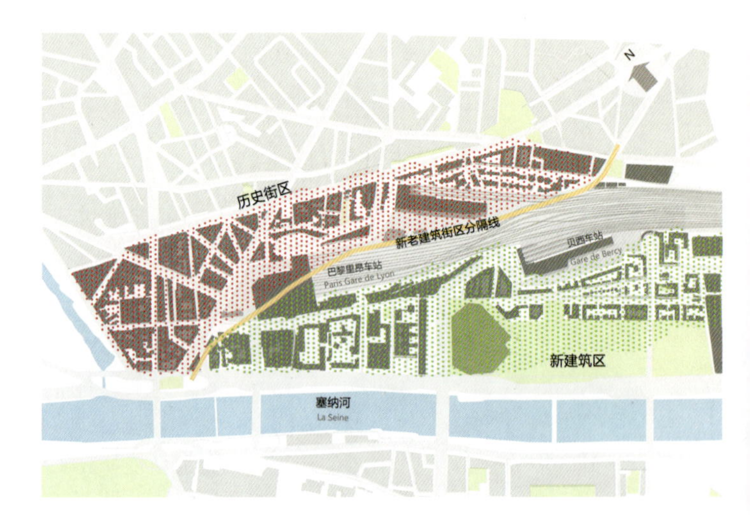

图 2–45　车站新老建筑关系示意图

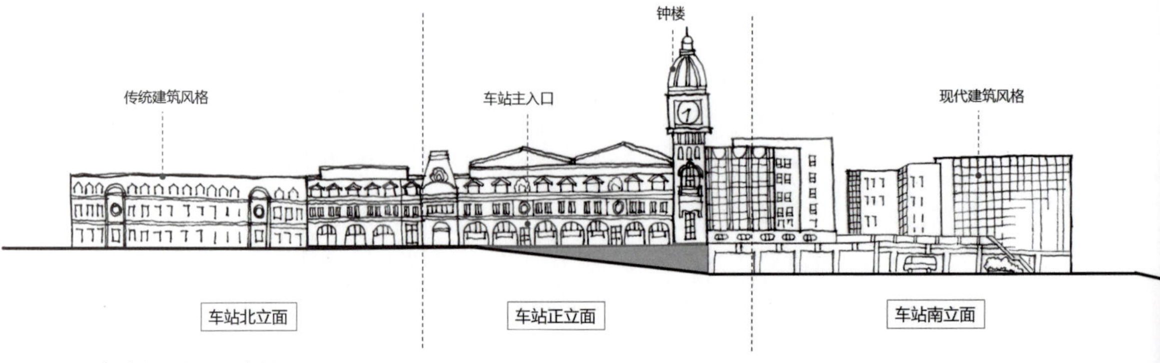

图 2–46　车站立面展开示意图

里昂车站起初是只有一座木制站屋的“里昂月台”，经多次重建后，发展为法国第三繁忙的铁路车站，其更新很值得探究。车站在保留原有站厅 Hall 1 功能的同时，在车站北面新增站厅 Hall 2，采用通透的玻璃屋顶，现代建筑特色与 Hall 1 的老建筑风貌形成鲜明对比，两个候车大厅的连接长廊采用古典柱式造型加精美壁画，营造出里昂车站的浪漫主义色彩。沿着通道布置有零售商业等车站配套服务设施，并与旧站厅完美融合，整体风貌和谐统一（图 2-47）。

南侧的扩建充分利用地形，城市道路与车站建筑负一层持平，为车辆进出的主要通道。与车站站厅持平的平台为人行道。车站建筑负二层以下衔接地铁和停车设施（图 2-48）。扩建的站房不仅承担了大型交通枢纽所需的各种服务配套功能，其上盖的物业开发也为老车站带来了新的经济价值。

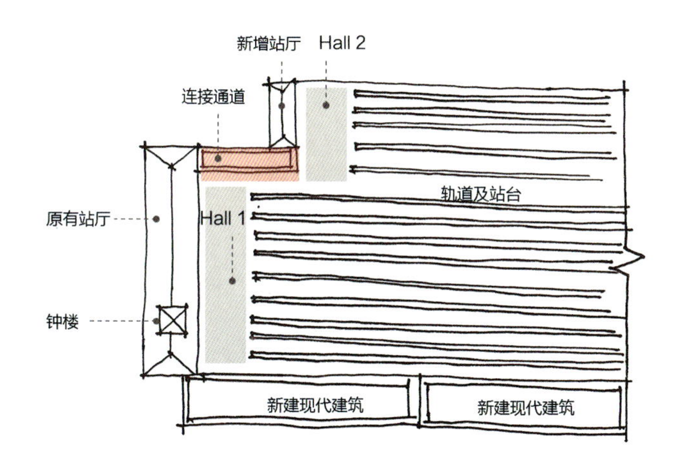

图 2-47　车站站厅扩建及连通示意图

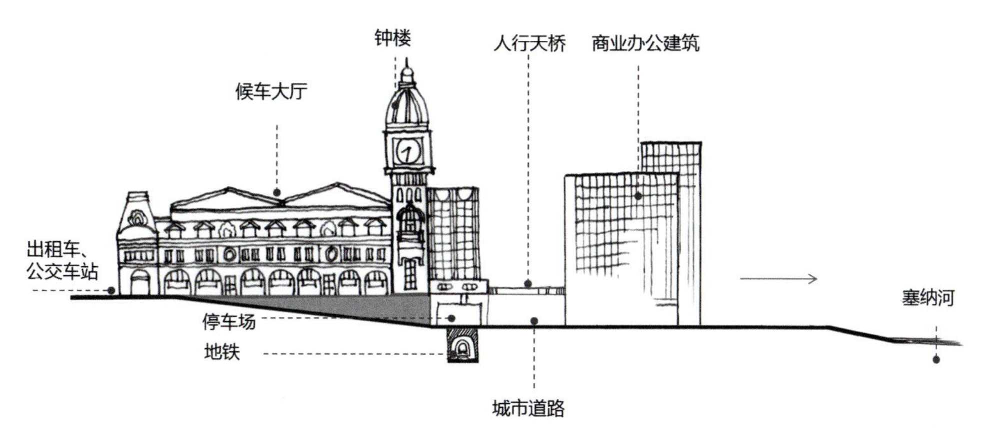

图 2-48　车站建筑空间的连通示意图

交通研判

巴黎里昂车站是法国首条高速铁路东南线的到发站，由既有车站改扩建而成，周边路网早已形成，很难改变，除了在下穿轨道打通南北车行道。里昂车站重点发展公共交通，接入了 7 种类型的交通形式，通过各种交通方式换乘疏散人流和车流，主要以轨道交通为骨干，城市公交为主体，出租车和私家车为补充。车站通过引入 2 条容量大且快速、高效的城市轨道（地铁 14 号线和地铁 1 号线），以缓解进出站的道路交通压力，满足市中心及车站站点周边大量人流集散和换乘的需求。车站周边交通设施如图 2-49 所示，实例照片如图 2-50—图 2-56 所示。

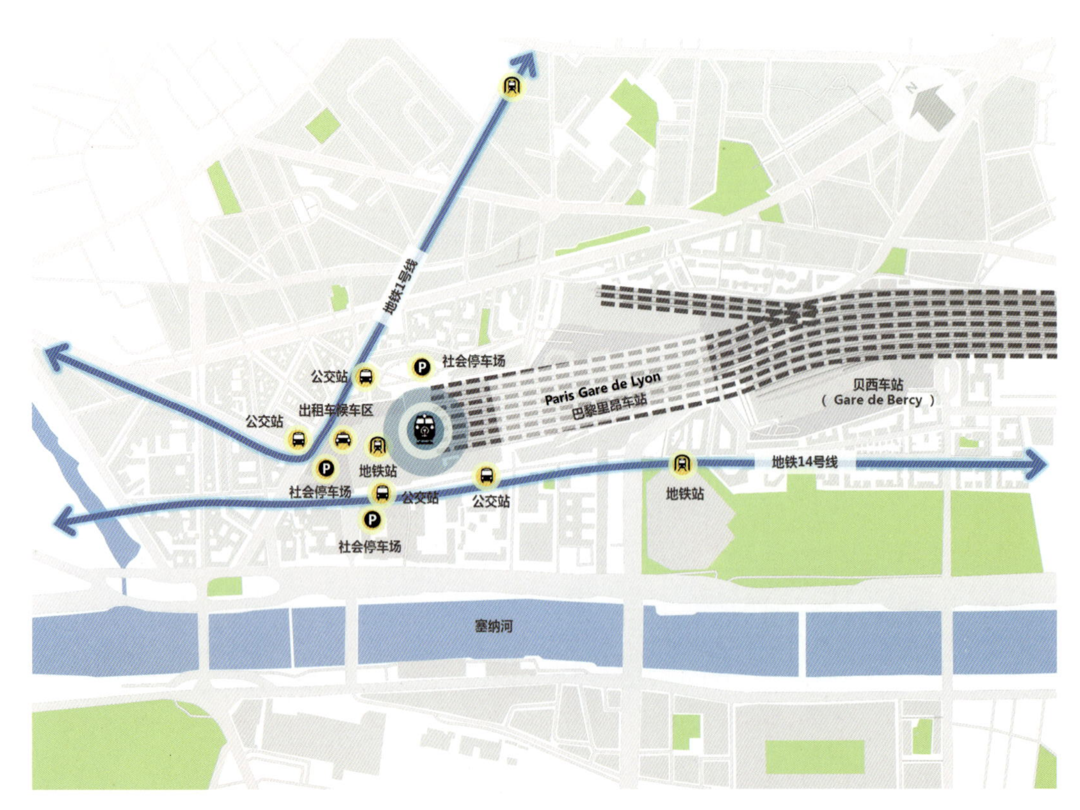

图 2-49　车站周边交通设施分布图

图 2-50　站前斜坡道路

图 2-51　出租车上落区

图 2-52　车站南面道路及公交换乘区

图 2-53　车站南面建筑联系通道

图 2-54　与车站连接的人行天桥

图 2-55　连接 Hall 1 和 Hall 2 的艺术通道

图 2-56　车站主出入口

巴黎里昂车站为尽端式车站，通过城市道路与东侧区域干路相连(图2–57)。车站利用原有自然地形，其建筑形态与周边历史街区融为一体，通过站前广场为常规公交、出租车以及行人提供了较好的换乘和步行空间。车站通过架空的地下一层形成小汽车停车场，使得小汽车交通从车站的侧面实现进出，并与周边“四横三纵”的路网形成较好的衔接；同时，在负二层和负三层修建了地铁1号线和地铁14号线，通过垂直交通的设置，实现各类交通方式的“无缝衔接”。

巴黎里昂车站设置有2条市内地铁线、2条市域快轨线和24条常规公交线，高密度公交网络和垂直的“无缝衔接”系统使其年客运总量达到1亿人次，车站周边的交通流线分析如图2–58所示。通过对现状区域路网承载力进行分析，结合相关资料查询，以车站区域交通设施运输能力为判断基数，得到公共交通客运总量为5 500万~7 000万人次，则公共交通年平均分担率达到60%，其公交分担率测算如表2–2所示。同时，通过2条市域快轨线，实现直接中转火车站的年客运量达到3 700万人次，一定程度缓解了车站周边路网的压力，并给站前广场周边提供了一个宁静的历史文化街区。

图2–57　车站区域路网结构图

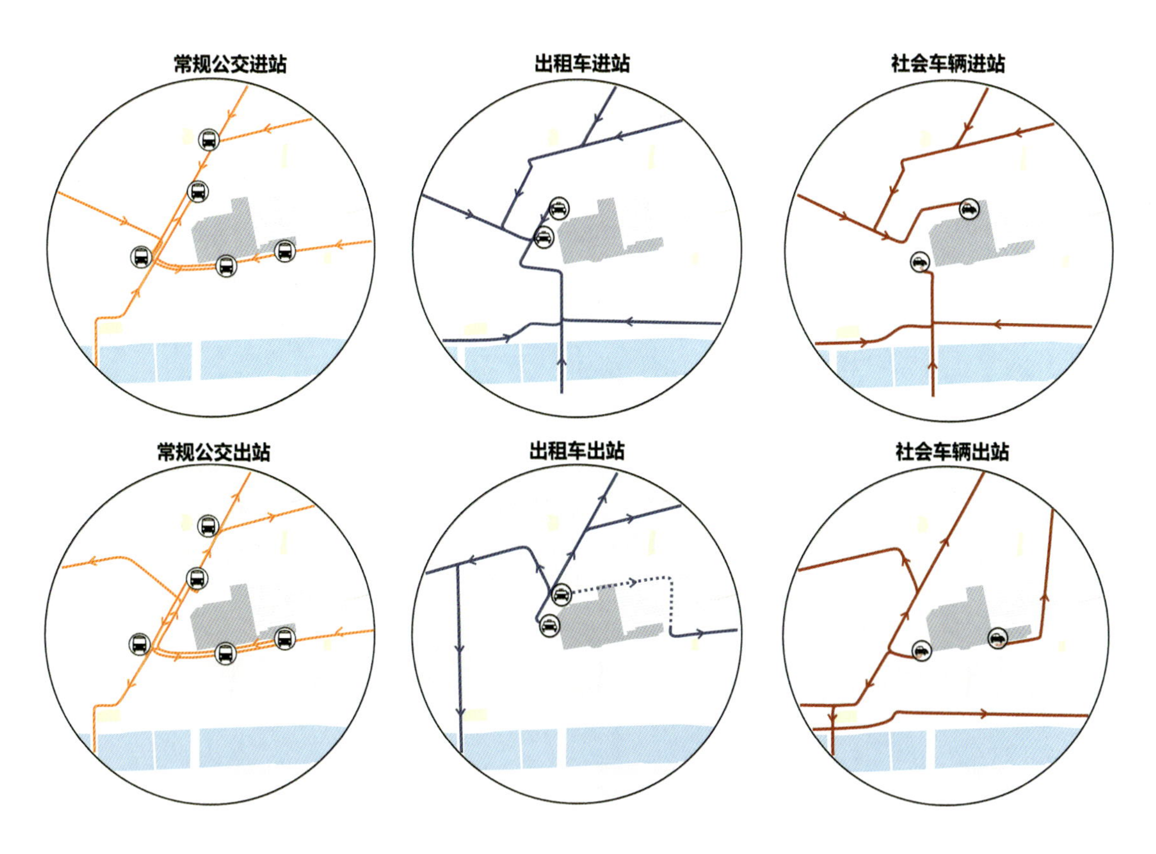

图 2-58　车站周边交通流线图

表 2-2　车站公交分担率测算表

车站股道（条）	周边路网组成	轨道交通	常规公交	年客运量（万人次）	公交年客运量（万人次）	公共交通分担率
22	四横三纵	市内地铁线 2 条，市域快轨线 2 条	日间 9 条，夜间 15 条	10 040	5 500 ~ 7 000	55% ~ 70%

注：年客运量中括号内数据为市域快轨直接转乘火车的年客运量。

内部探访

巴黎里昂车站依地形建设平面站台层，有两个候车大厅，共 22 道，旧式的 Hall 1 为 A 到 N 站台，为车站原有站台；现代的 Hall 2 为 5 到 23 站台。两个候车大厅建设时序不同，通过连廊联系，站内标志醒目，交通流线十分简单，建筑通透现代，但是置于其中却没有感到新旧的强烈对比，而是空间开合所体现的融合。车站的平面流线分析如图 2-59 所示，竖向分析如图 2-60 所示，实例照片如图 2-61—图 2-68 所示。

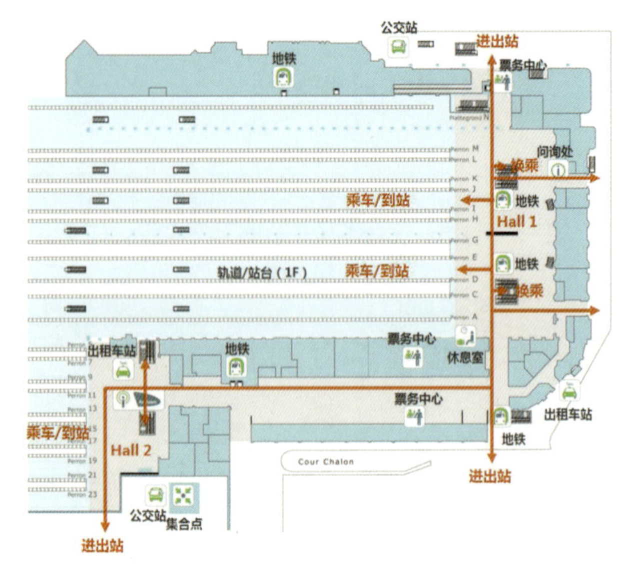

图 2-59　车站地面层平面及流线图

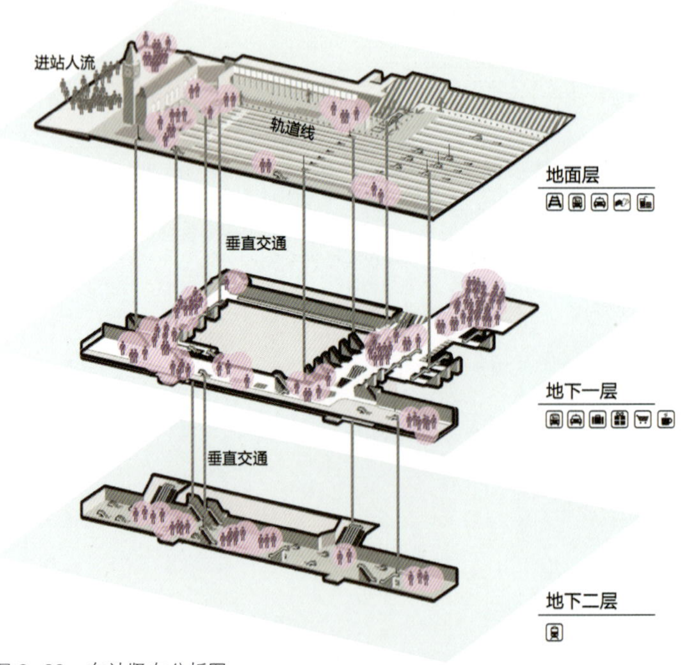

（2F 以上）原有建筑结构

古典主义风格建筑，共 3 层，钟楼高 64 米

（1F）铁路轨道及站台

尽端式车站，开放站台，地面疏散人流。通往各功能区，内部设置商业及其他配套服务。周边为垂直铁路线的城市道路

（B1F）地铁换乘

主要地铁集散层，旅客进站层，地下停车场

（B2F）地铁站台

地铁旅客上落、换乘

图 2-60　车站竖向分析图

图 2-61　A ~ N 站台

图 2-62　5 ~ 23 站台

图 2-63　Hall 1

图 2-64　Hall 2

图 2-65　Hall 1 的商业空间

图 2-66　扩建综合楼的换乘空间

图 2-67　候车厅转换连廊

图 2-68　地铁站台

镜头采撷

- 古典的“蓝色列车”餐厅装饰（图 2–69、图 2–70）
- 现代的站外雕塑（图 2–71）

图 2–69　“蓝色列车”餐厅装饰

图 2–70　“蓝色列车”餐厅金碧辉煌的大厅

行走印象

清晨，我们睡眼惺忪地走出卧铺车厢进入意大利米兰中央车站（Stazione di Milano Centrale），只见古典的吊灯映照着巨大的拱券大厅，精美的壁画，石雕的门框，连地面的马赛克拼图也透着一股文艺复兴时期的悠远。走出车站回望：这座青石雕琢的建筑哪里是车站，俨然一座历史博物馆（图 2-72）！

到底是意大利米兰，文艺复兴的发源地，尽管车站建设于 19 世纪初期，依旧全盘采用了文艺复兴时期的建筑手法，是一座规模宏大、适应现代交通的车站。车站拥有严谨的临街立面和规则的平面构图，追求丰富细腻的内外装饰，券柱、双柱、拱廊、粉刷、隅石、山花等等文艺复兴特有的符号都有所体现，就连车行干道穿越的隧道口的装饰要求也比较高。钢结构的巨大拱顶笼罩着 24 个站台，到发各种普通列车或高速的欧洲之星，前往欧洲各地。在站内通过电动扶梯便可与两条地铁线无缝换乘，到达米兰历史城区内；或者乘坐轻轨、有轨电车、公共汽车到达米兰市各处。

难怪网上传言：米兰中央车站是世界建筑史上的代表建筑之一。全欧洲所有的火车站中只有他被简称为中央车站！这就是集古典美与现代时尚于一身的米兰中央车站。

图 2-72　米兰中央车站

Stazione di Milano Centrale

意 大 利 米 兰 中 央 车 站

图 2-71　现代的站外雕塑

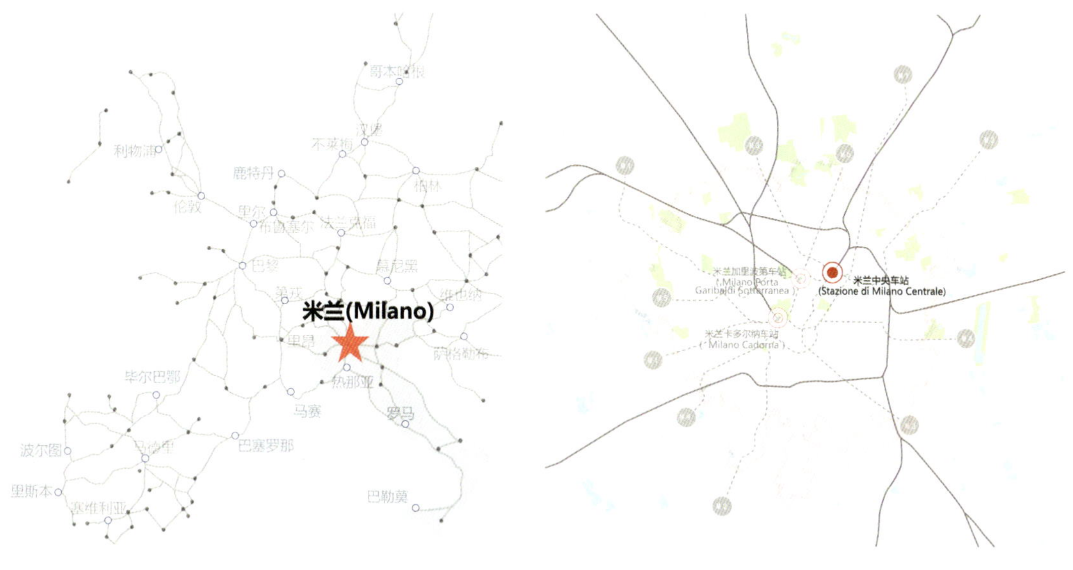

图 2–73　米兰区位示意图

图 2–74　米兰中央车站区位示意图

车站简介

米兰中央车站所在城市——米兰（Milano），位于意大利北部（图 2–73），属于伦巴第大区，是伦巴第的省会和意大利经济中心，同时也是意大利最大的都会和世界最大的都会区之一，世界历史文化名城，欧洲经济最发达的地区。市区面积为 181.67 平方千米，人口为 137 万（2018 年）。

米兰中央车站是全市的两个火车站之一，位于老城区中心米兰市奥斯塔公爵广场（图 2–74），是意大利第二繁忙的火车站，列车可到达意大利各主要城市。车站始建于 1864 年，1931 年由乌里塞 · 斯塔齐尼（Ulisse Stacchini）负责改建。米兰中央车站为尽端式车站，拥有 24 个站台，车站客流量每年约为 1.2 亿万人次。

城市观察

米兰中央车站正面有与建筑平齐的站前广场，广场前方对应尽端式城市道路，街坊建筑的建成年代跨度很大，城市更新承合原有肌理格局，基本保持了多层建筑道路界面，高层建筑点缀其中，形成起伏的天际线（图 2–75）。车站周边的道路均不是很宽，与两边的建筑形成非常适宜的高宽比。车站主体虽不显高耸，然不失为该区域的视觉中心，建筑物既让人仰视，却又与人十分亲近。车站周边空间布局如图 2–76 所示，实例照片如图 2–77—图 2–81 所示。

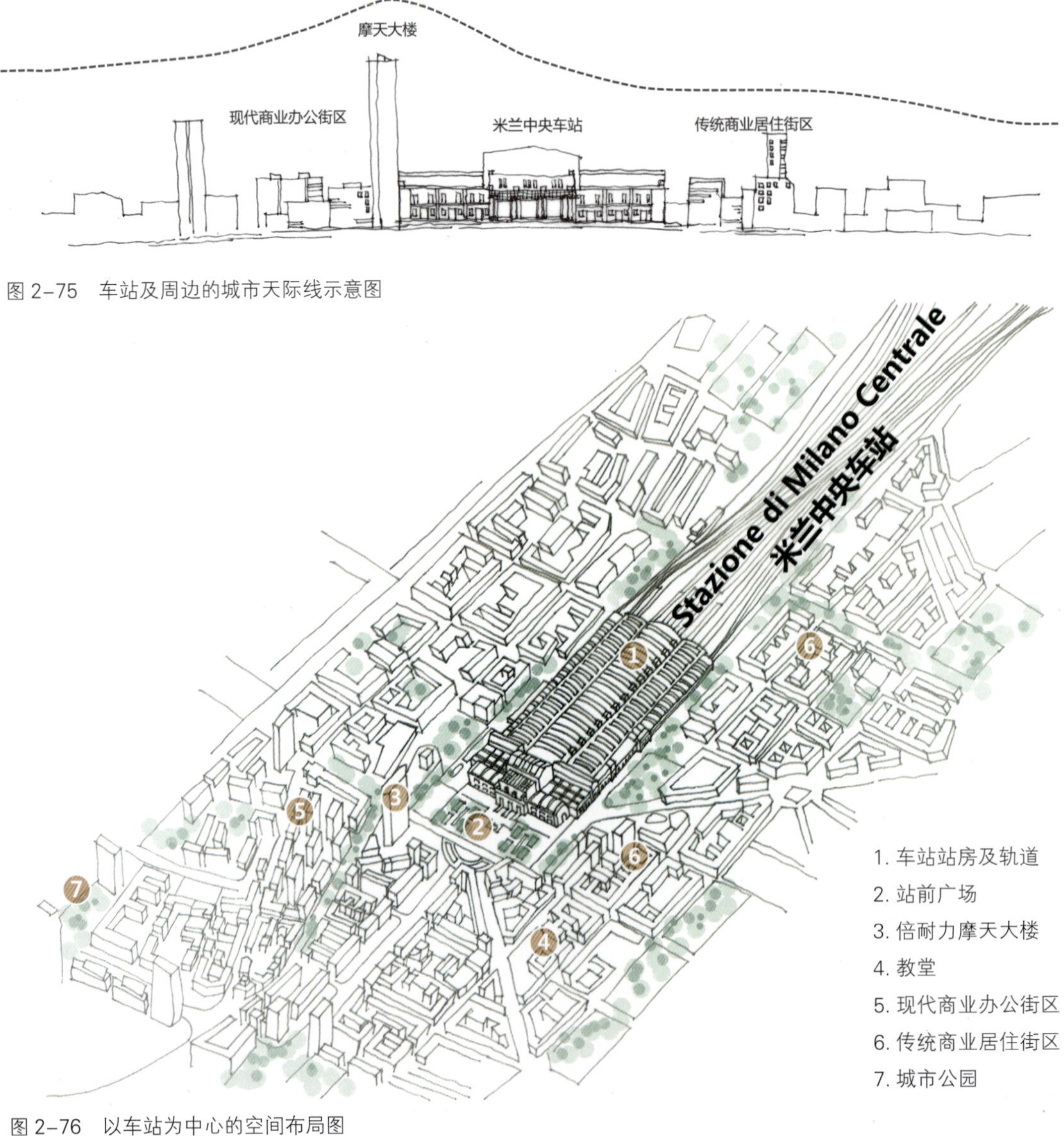

图 2–75　车站及周边的城市天际线示意图

图 2–76　以车站为中心的空间布局图

图 2–77　车站正对面的高层现代建筑

图 2–78　车站周边现代街区

图 2–79　车站周边传统街区

图 2–80　站前广场一角

图 2–81　车站周边街景

空间解析

米兰城市路网呈“环状 + 放射状”格局（图 2-82），中央车站周边路网在放射状道路的基础上形成“方格状 + 放射状”的布局形式（图 2-83），从尽端式车站向前延伸至景观大道，形成清晰的中轴线，车站周边以商业服务功能为主，逐渐扩散到办公居住功能（图 2-84）。从历史风貌保护角度看，车站两侧主干道围合的显然为核心保护区（图 2-85），着重于延续传统城市肌理，多层建筑围合的街道空间有着城市更新后的新面貌，展示时代建筑自然更新的历史轨迹；亦有历史建筑的保留，记载历史空间，尊重单体建筑自然更新的城市规划管理理念。

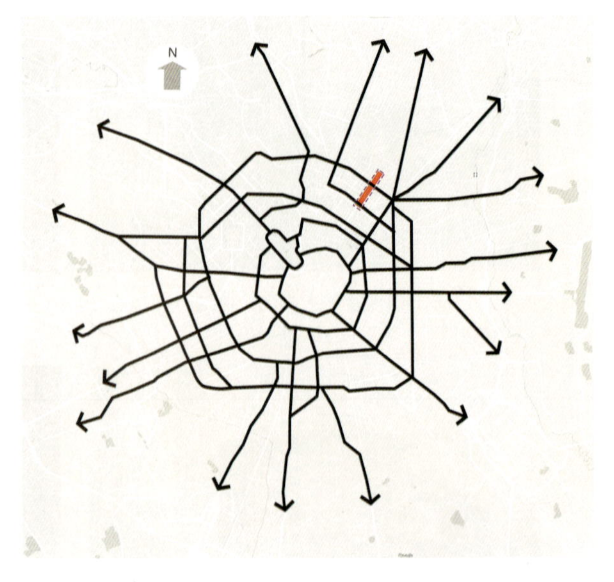

图 2-82　米兰城市“环状 + 放射状”路网格局示意图

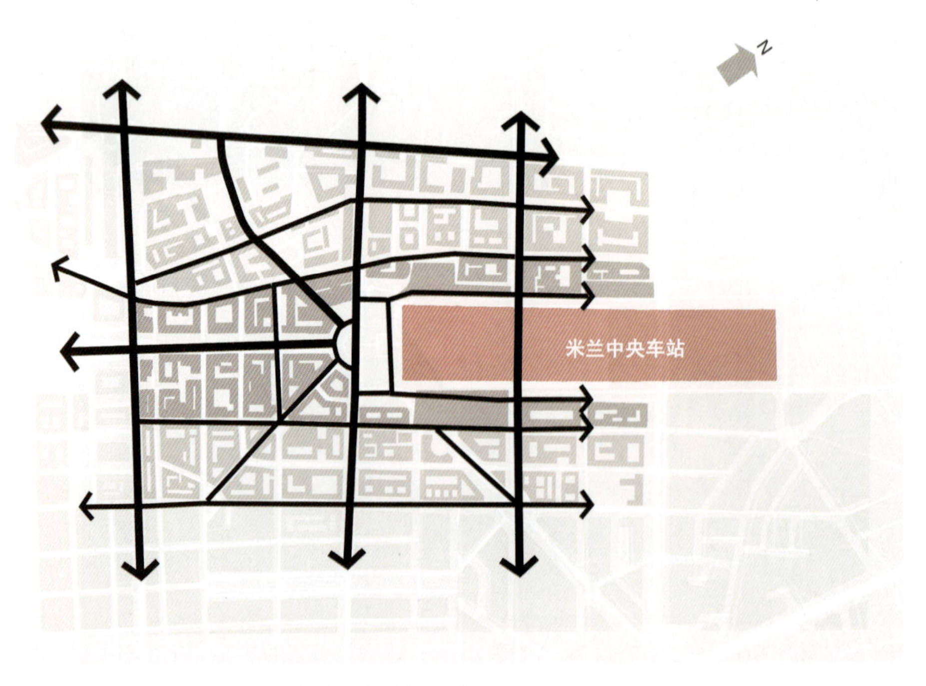

2-83　车站周边“方格状 + 放射状”路网格局示意图

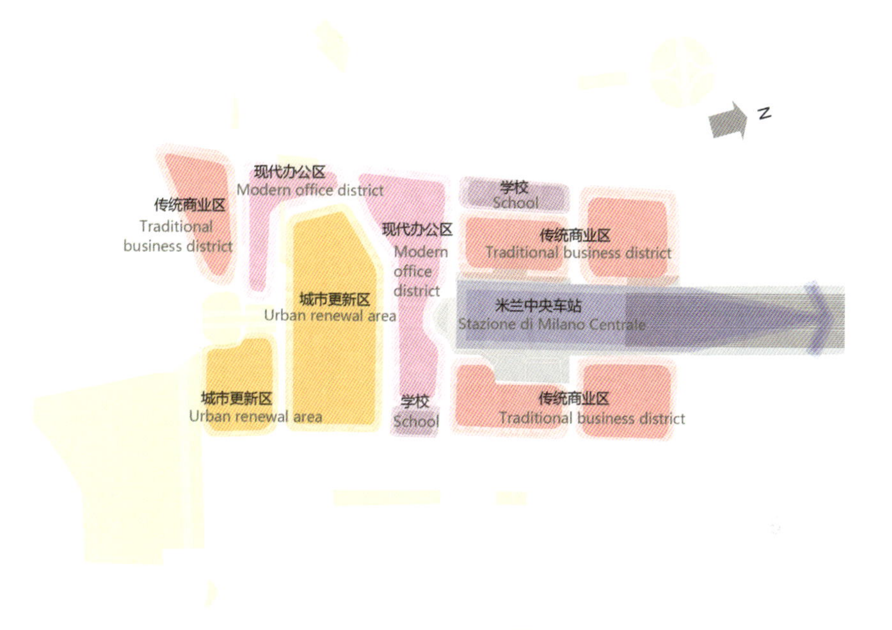

图 2-84　车站周边功能示意图

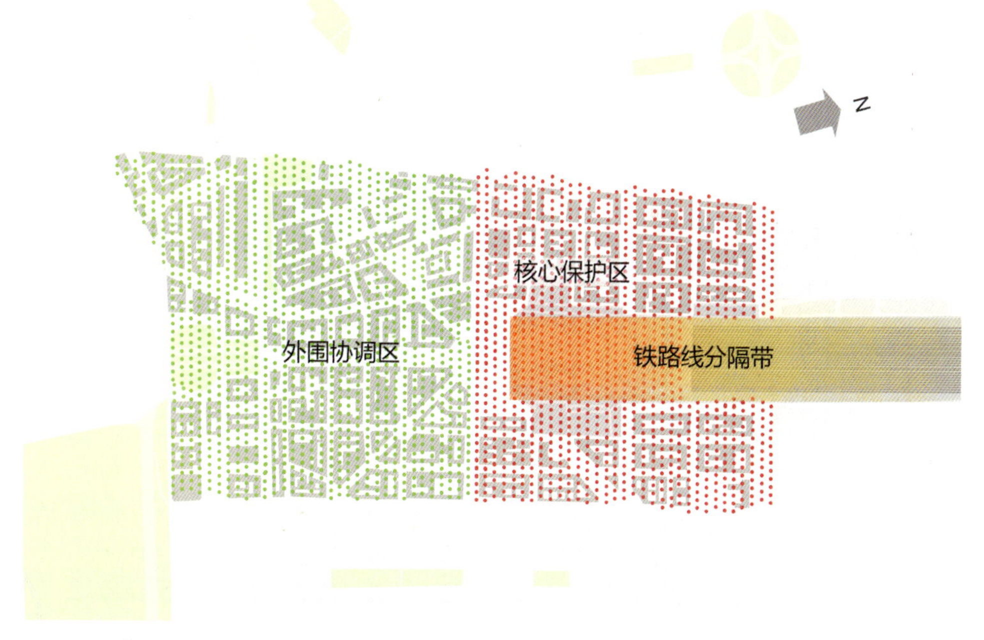

图 2-85　核心保护区和外围协调区示意图

米兰中央车站是建筑文化传承的典范，平面布置沿用了文艺复兴时期的建筑风格，规则、对称、递进（图 2–86）。每个大厅的进深尺度、层高变化以及装饰程度既追求韵律又讲究细节，四进大厅犹如古典交响乐的四个乐章：序曲、主题、高潮、再现（图 2–87—图 2–90），同时和谐植入现代城市交通设施需求的元素。乘客可以非常便捷地来到这里，置身其中，仿佛欣赏了一曲华丽恢弘的交响乐，再随着列车的远去绵延不已。

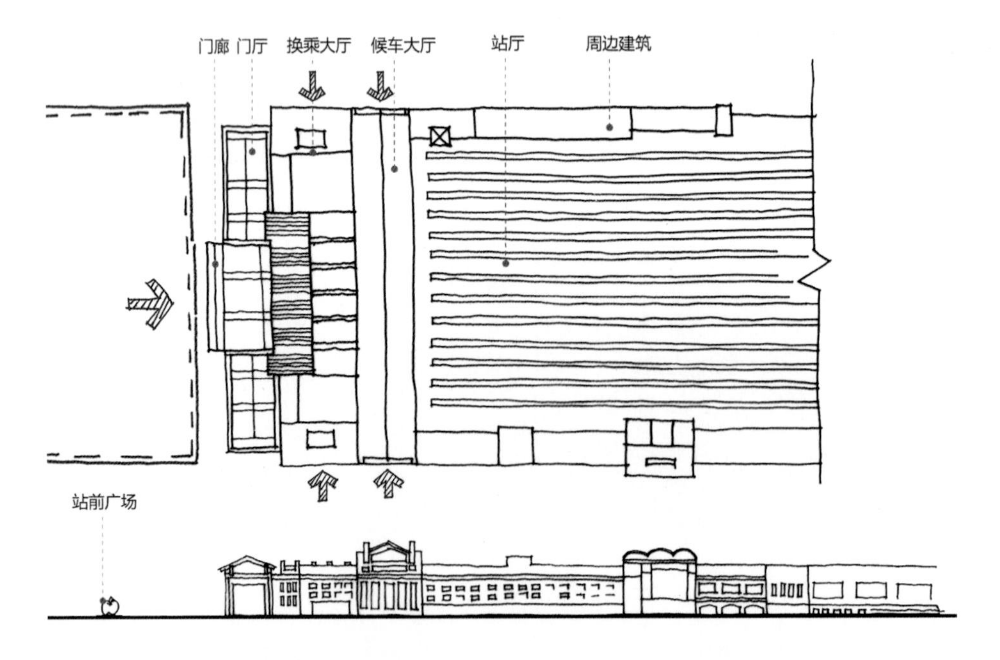

图 2–86　车站递进式空间及立面示意图

图 2-87　车站门厅

图 2-88　换乘大厅

图 2-89　候车大厅

图 2-90　站厅

交通研判

米兰中央车站站后有下穿道路，形成围合主体，车站正面布置有广场，背面铁路线有下穿道路（图 2-91），两侧出入口与道路相临。有轨电车线、公共汽车站及出租车候车区分布周边，方便旅客到达米兰市各处。车站与地铁站垂直相连，在车站内部通过电动扶梯便可与米兰地铁 2 号线和 3 号线进行无缝换乘，到达米兰历史城区内(图 2-92)。实例照片如图 2-93—图 2-97 所示。

图 2-91　车行道下穿铁路

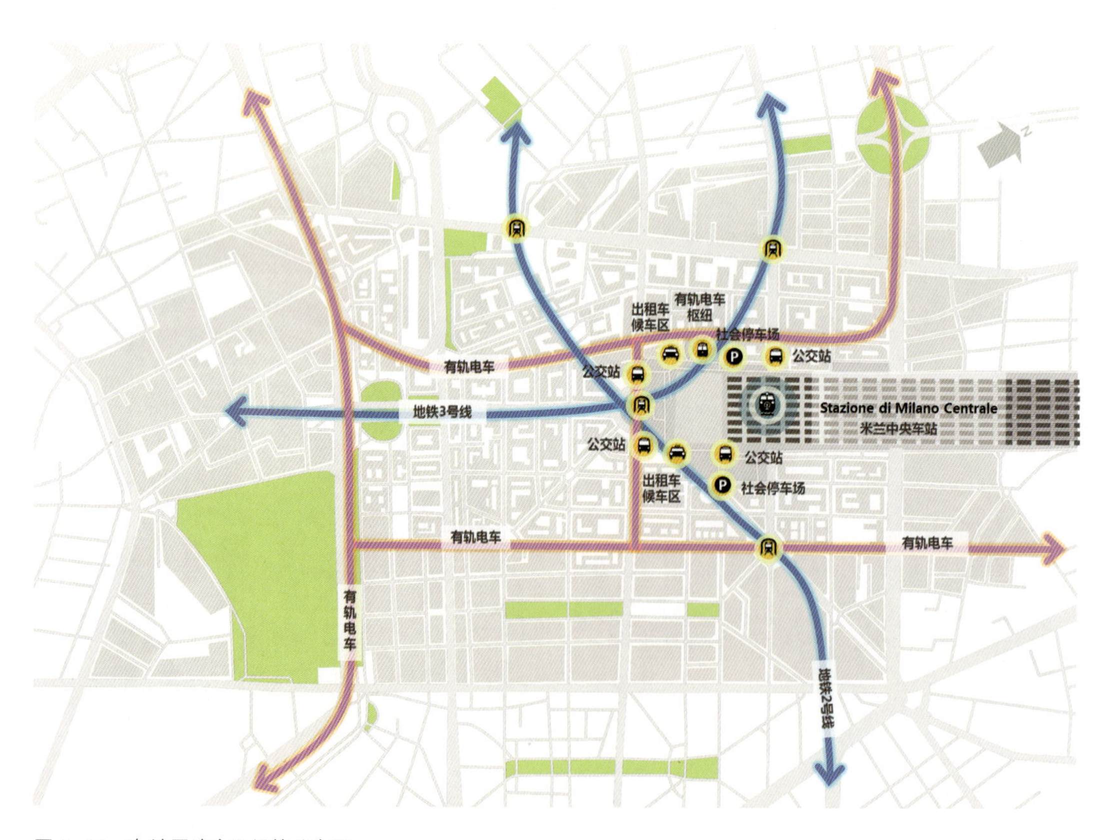

图 2-92　车站周边交通设施分布图

图 2-93　车站东侧的出租车候车区

图 2-94　车站东侧出入口

图 2-95　出租车候车亭

图 2-96　非机动车停放区

图 2-97　社会车辆临时停放区

米兰中央车站与巴黎里昂车站一样为尽端式车站，车站外围区域干路呈“环状+放射状”布局（图2–98），周边区域基本形成“五横三纵”的路网结构，车站正面与周边街区融为一体，布设公交车站和出租车候车区等公共交通设施，车站两侧后排布设社会停车场，从而形成公共交通与个体机动化交通分区布局。地铁2号线和3号线在车站站前地下相交布设并设站，与站前的公交和出租车等公共交通系统实现无缝衔接。

米兰中央车站年客运总量达到1.2亿人次，车站通过设置2条地铁线、3条有轨电车线和16条常规公交线建立起的公共交通系统，实现了客流的快速集散，车站周边的交通流线分析如图2–99所示。通过对现状区域路网承载力进行分析，结合相关资料查询，以车站区域交通设施运输能力为判断基数，得到公共交通客运总量达到3 800万~5 000万人次，则公共交通年平均分担率达到40%，其公交分担率测算如表2–3所示。

图2–98　车站区域路网结构图

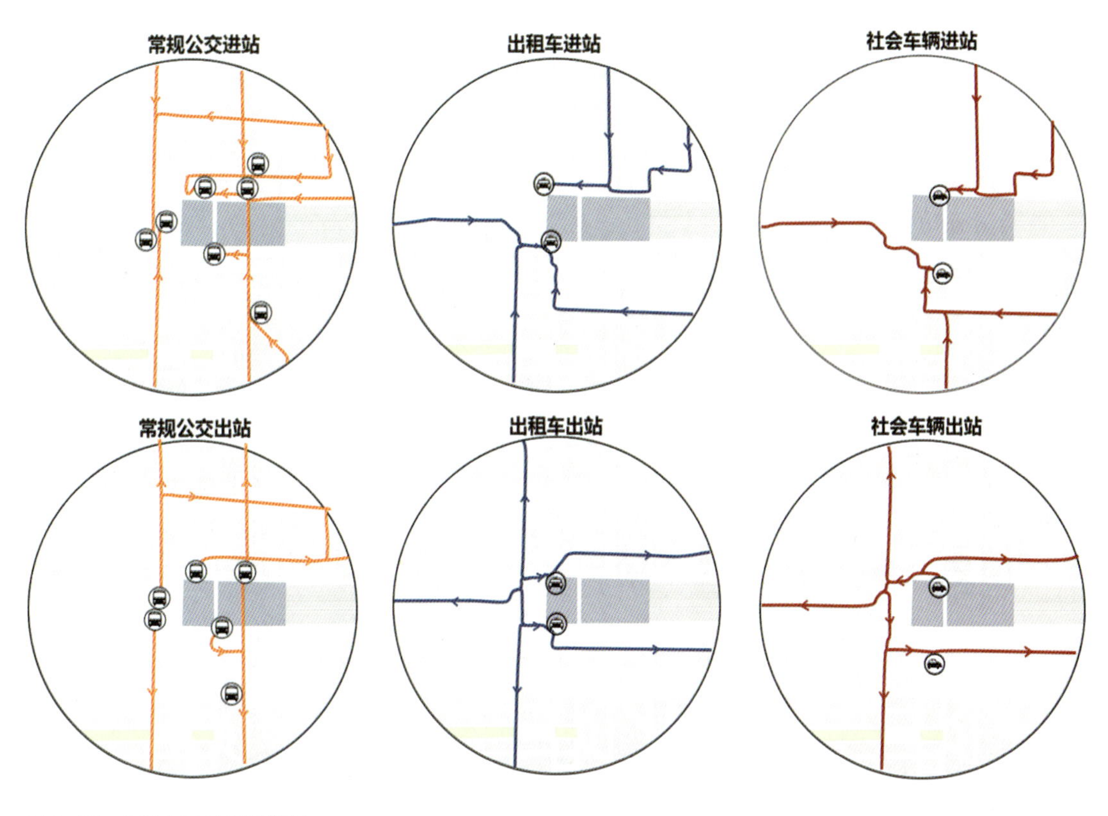

图 2-99　车站周边交通流线图

表 2-3　车站公交分担率测算表

车站股道（条）	周边路网组成	轨道交通	常规公交	年客运量（万人次）	公交年客运量（万人次）	公共交通分担率
24	五横三纵	地铁线 2 条，有轨电车线 3 条	16 条	12 000	3 800 ~ 5 000	30% ~ 40%

内部探访

米兰中央车站的门厅和换乘大厅都侧门临街，乘客可从三个方向进出车站，详见旅客进出车站流线示意图（图 2-100）。从换乘大厅拾阶而上是候车大厅，大厅下有夹层通廊，可通往停车场和商业服务设施，并连接负一层的地铁站厅，详见车站竖向分析图（图 2-101）。实例照片如图 2-102—图 2-109 所示。

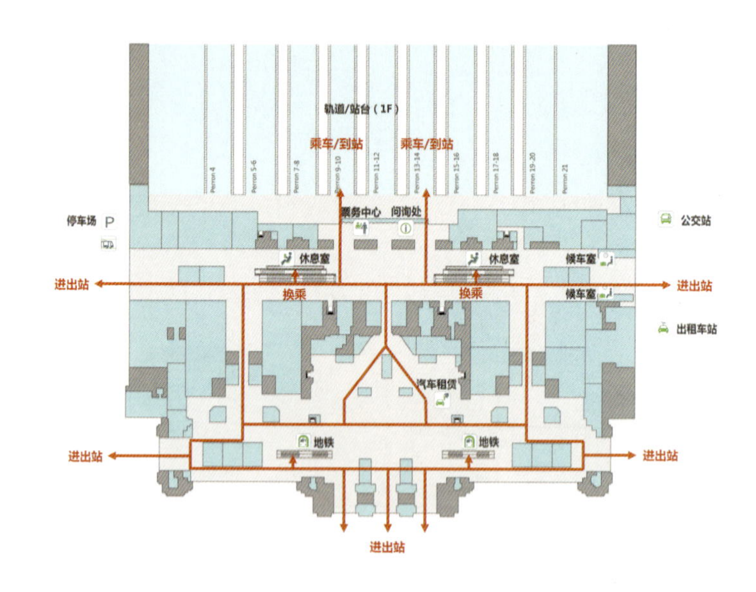

图 2-100　车站地面层平面及流线图

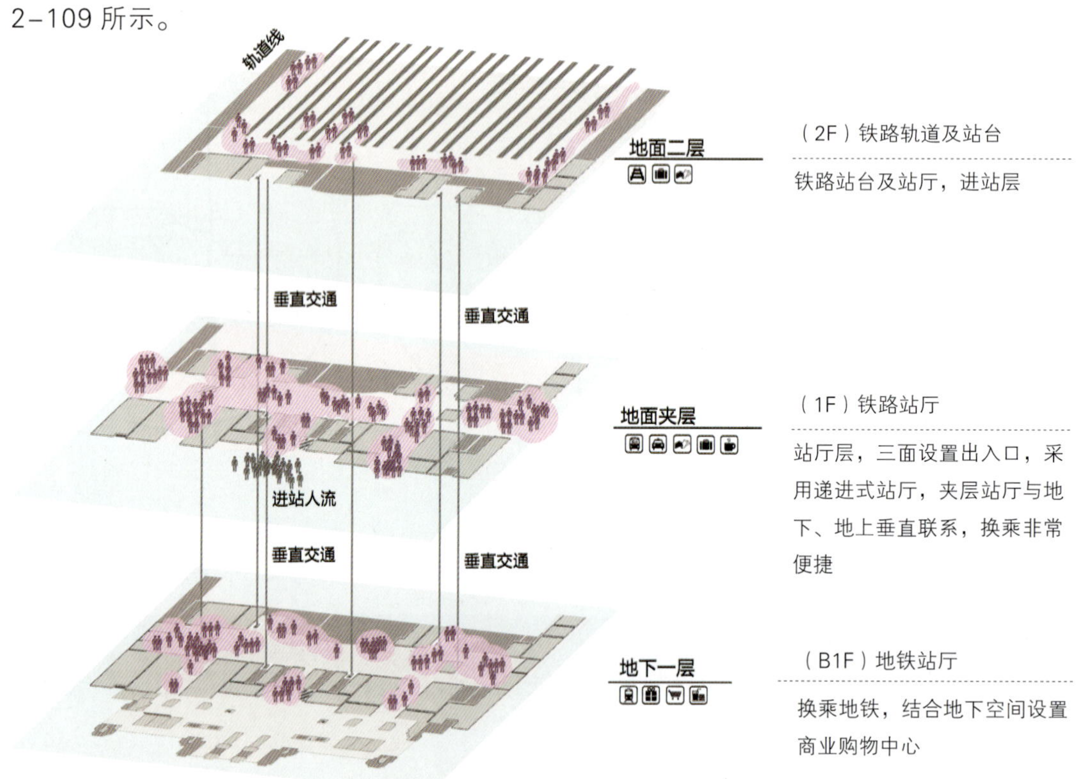

图 2-101　车站竖向分析图

图 2-102　车站门厅与地下出入口

图 2-103　车站大厅及站台

图 2-104　换乘地铁出入口

图 2-105　通道闸门

图 2-106　地铁站厅通道

图 2-107　地下通道

图 2-108　地铁站台

图 2-109　站内咖啡厅

车站内部装饰极为讲究，罗马柱、雕塑、壁画随处可见，尤其是过道大门，门框与门楣似乎在讲述着米兰古老的传说。实例照片如图 2-110—图 2-115 所示。

图 2-110　连接门厅的扶梯

图 2-111　车站小型商业区

图 2-112　车站内部门厅

图 2-113　换乘大厅的楼梯

图 2-114　候车大厅及信息墙

图 2-115　车站内的连通空间

镜头采撷

- 门楣上伫立着威武的鹰（图 2–116）
- 地面镶嵌着神秘的图案（图 2–117）
- 空旷的广场中仅伫立着一个“苹果”雕塑（图 2–118）
- 门柱上的雕塑是神话人物（图 2–119）

图 2–116　车站内部的门楣装饰

图 2–117　车站地面的马赛克装饰

图 2–118　车站广场上的唯一现代雕塑

图 2-119　车站侧面门厅

第三章　空间综合篇

当交通流量足够触动经济的互动时，车站的多元功能需求将以大型综合体来承载。本章收录的法国里尔欧洲车站和巴黎蒙帕纳斯车站，分别以建筑群和大型单体建筑的方式，诠释了城市环境、建筑空间和交通基础设施的有机结合。

Gare de Lille-Europe

法 国 里 尔 欧 洲 车 站

图 3-1　里尔欧洲车站上盖建筑群

行走印象

随着列车缓缓驶入里尔欧洲车站（Gare de Lille-Europe），一座时尚的站房映入眼帘：全玻璃的外墙，通透的空间，简洁的布置，还有抽象的吊顶装饰。出站顺扶梯而下，头顶圆拱组成的长廊一直伸向远方，回过头来，站房貌似已经不起眼了，那座著名的 L 形建筑赫然耸立眼前。里尔欧洲车站是由多栋建筑组合而成的建筑群，通过立体交通联结形成集交通、商务、会展、办公、娱乐功能于一体的综合体。长廊实际是一座高架桥，即传说的柯布西耶大桥，将相隔不远的里尔老火车站串联在一起。站在高架桥上眺望，铁路串联了栋栋现代建筑，堆起了一座新城，背后依托的是法国、英国、比利时汇聚的地缘优势，成就了“欧洲车站”的美誉（图 3-1）。

车站简介

里尔欧洲车站所在城市——里尔（Lille），位于法国北部（图 3–2），属于北加莱海峡大区。里尔市面积为 34.51 平方千米，人口为 23.27 万人（2015 年）。

里尔欧洲车站是法国北部的国际性铁路车站，是里尔市的两大火车站之一（图 3–3），该站是英国、法国和比利时三国的高速铁路交汇点，往东北方向还可以延伸至荷兰和德国境内。里尔欧洲车站一期项目建设于 20 世纪 90 年代，围绕新车站—商业综合体—老车站，建成面积约 70 公顷的核心区域；2000 年后进行了二期项目建设，主要是完善公共绿化空间和强化城市交通联系。

里尔欧洲车站为通过式车站，列车开往欧洲各地的主要城市，与相邻的里尔老站—法兰德斯站共同构成了法国北部最大的铁路交通枢纽，每年总客流量达到 8 000 多万人次，其中里尔欧洲车站的客流量每年约为 6 000 万人次。

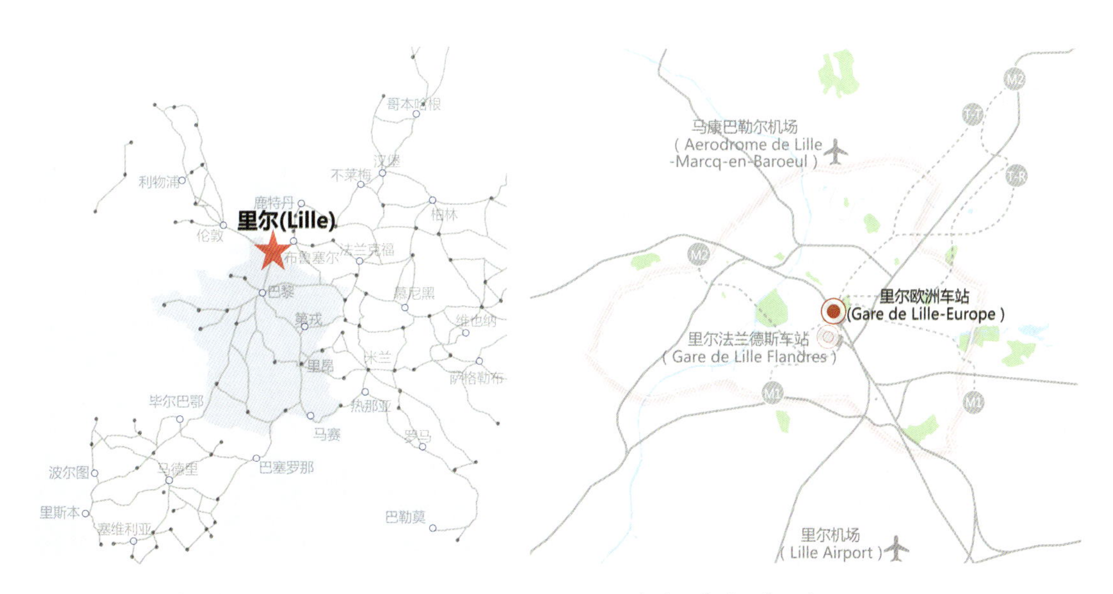

图 3–2　里尔区位示意图

图 3–3　里尔欧洲车站区位示意图

城市观察

图 3-4　柯布西耶高架桥通往车站站房

里尔欧洲车站位于里尔旧城的边缘，服务于国际高铁线路，距离原有的里尔老车站（法兰德斯车站）约 500 米，老车站主要服务于通往巴黎的高铁和其他传统铁路，新老车站由一座大桥（柯布西耶高架桥）连接（图 3-4）。车站换乘中心连接了地铁、有轨电车和公共汽车，高铁、传统铁路、高速公路、城市道路交汇，构成国际与国内、城际与城市交通的良好接驳，使里尔成为欧洲可达性最好的城市。在新老两个车站的交集区域内，商业中心、城市公园、会展中心也分布其中，构成了功能强大的交通枢纽与规模庞大的城市群落的有机结合（图 3-5）。实例照片如图 3-6—图 3-12 所示。

图 3-5　车站周边功能示意图

图 3-6　老车站

图 3-7　老城区

图 3-8　车站周边商业建筑

图 3-9　车站周边商业建筑

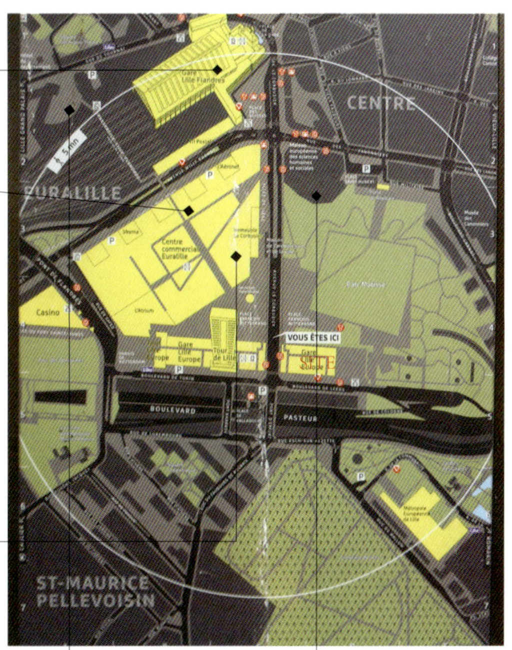

图 3-10　车站位置指引牌

图 3-11　车站周边办公建筑

图 3-12　会展中心

空间解析

轨道交通建设作为一种特定城市区域的新增元素，将打破原有城市区域的平衡，重建区域格局，并带来产业功能、交通联系等方面的积极影响，而且将长期存在。其符合“城市触媒”新生性、积极性、长期性的特点，毫无疑问将对建设区域发挥强大的触媒作用，影响城市的尺度。

里尔欧洲车站将多种功能集结在新老两个车站所构成的三角形区域上，形成里尔重要的城市节点。新区通过一条中轴线与老城连接在一起，与老城功能互补，借助铁路枢纽的强劲动力，促进里尔经济的发展和里尔城市空间结构的完善（图 3–13、图 3–14）。

车站所处位置的地形非常复杂，铁路线巧妙地利用变坡采取半地下铺设，沿线布置车站站房、停车楼、交通换乘中心和商务大楼；利用高差在两侧分设集散广场，接纳各栋建筑物一二层的进出口；横跨铁路的城市道路，一端平交、一端高架；坡底广场布设商业建筑群（图 3–15、图 3–16）。从功能构成看，办公、商务、居住建筑面积占总建筑面积的 60% 以上图 3–17、表 3–1）；从城市设计角度看，群落形式的城市综合体构筑了丰富的城市轮廓和充满人文情怀的公共空间，成为高铁新城经济发展的平台。

从发展的结果来看，里尔不仅成为法国的北部门户，其影响力还跨越了国界，城市综合体商业业绩取得了巨大的成功，带动了里尔老城的旅游业，促进了老工业城市的成功转型；与周边新城一起构成了目前法国最大的城市联合体和法国第二大具备国际辐射力的都市圈，重拾昔日欧洲贸易重镇的地位，成功转型为欧洲商务中心。

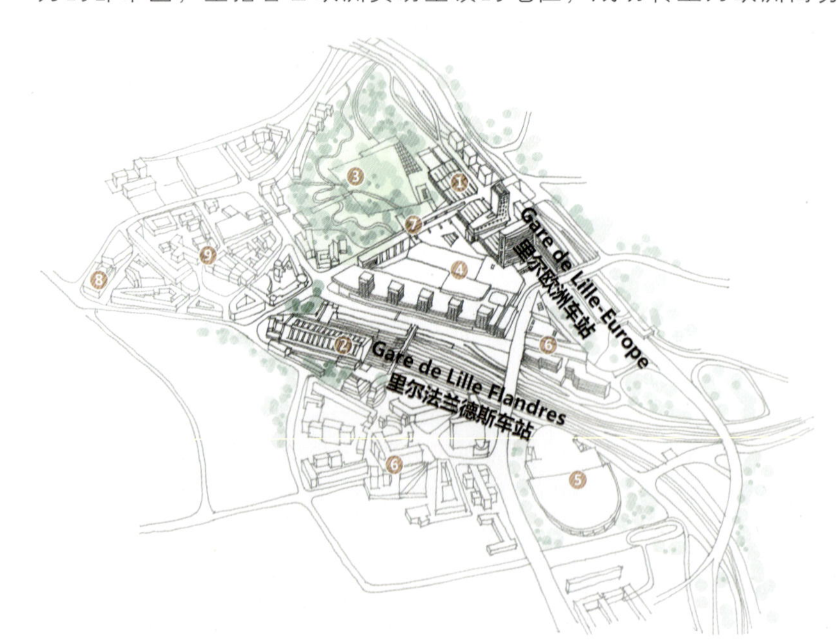

1. 里尔欧洲车站
2. 里尔法兰德斯车站
3. 公园绿地
4. 欧罗里尔百货商场
5. 会展中心（里尔大宫）
6. 传统居住区
7. 柯布西耶高架桥
8. 里尔歌剧院
9. 里尔老城

图 3–13　以车站为中心的空间布局图

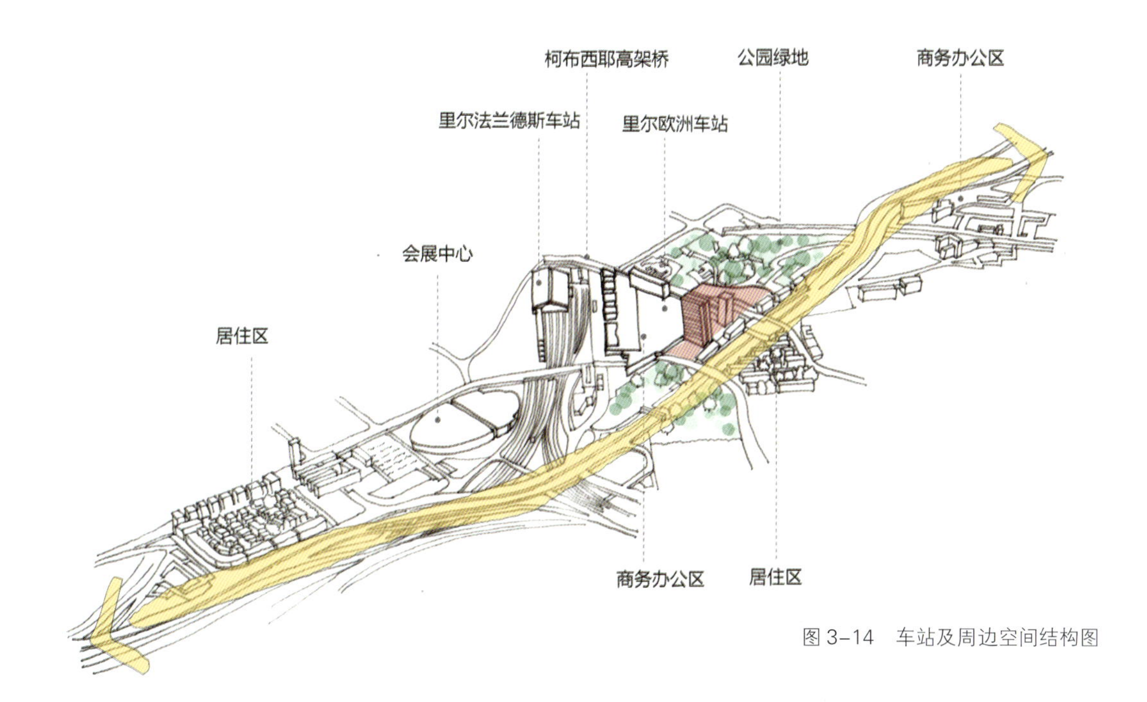

图 3-14　车站及周边空间结构图

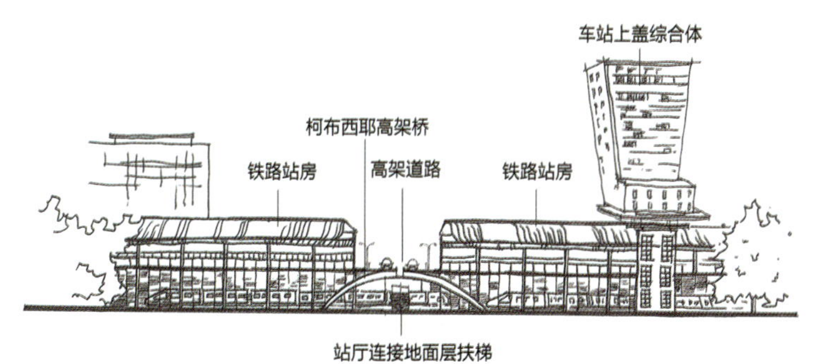

图 3-15　顺高架桥方向的车站剖面示意图

表 3-1　区域功能规模统计表

	面积 / 个数
基地面积	700 000 m^2
总建筑面积	273 710 m^2
办公	45 720 m^2
居住	17 600 m^2
酒店	18 600 m^2
商业娱乐	46 600 m^2
会展	38 000 m^2
停车位	6 100 个

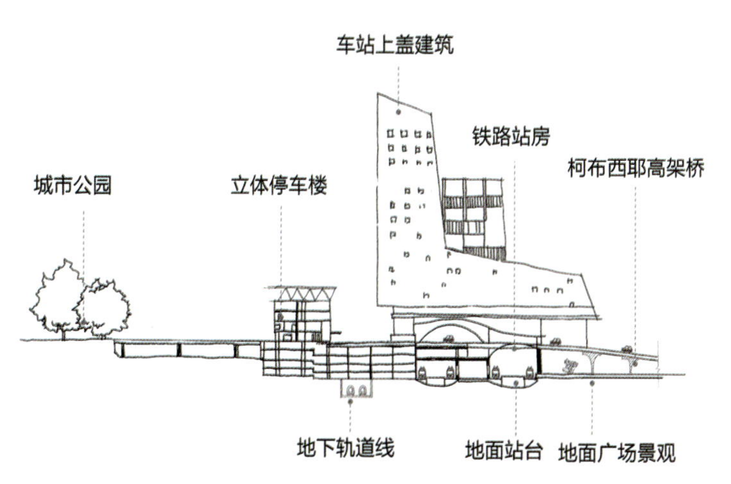

图 3-16　车站横剖面示意图

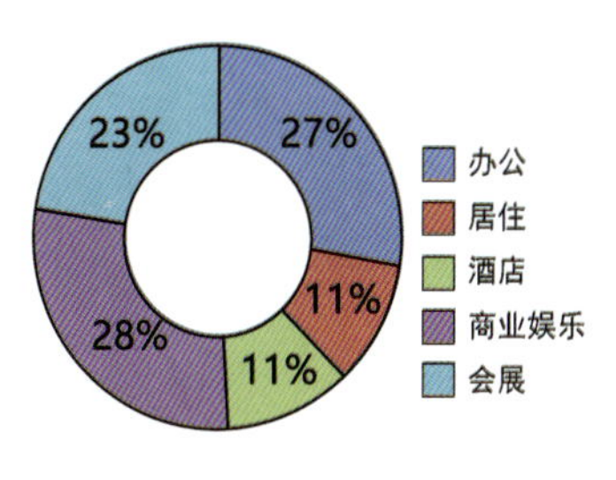

图 3-17　区域功能比例构成图

交通研判

里尔欧洲车站是欧洲之星列车和法国 TGV 的重要站点，车站周边路网结构清晰，各级道路衔接完善，共同承担车站的集散运输、出入境交通功能。里尔欧洲车站周边支路密度较大，周边地块尺度较小，沿街面长，各种交通方式能有效进入各类用地，可达性较好，各个主要地区设置地铁出入口，多条轨道线位于车站地下，形成了通达性良好的地下通道网络（图 3–18）。实例照片如图 3–19—图 3–23 所示。

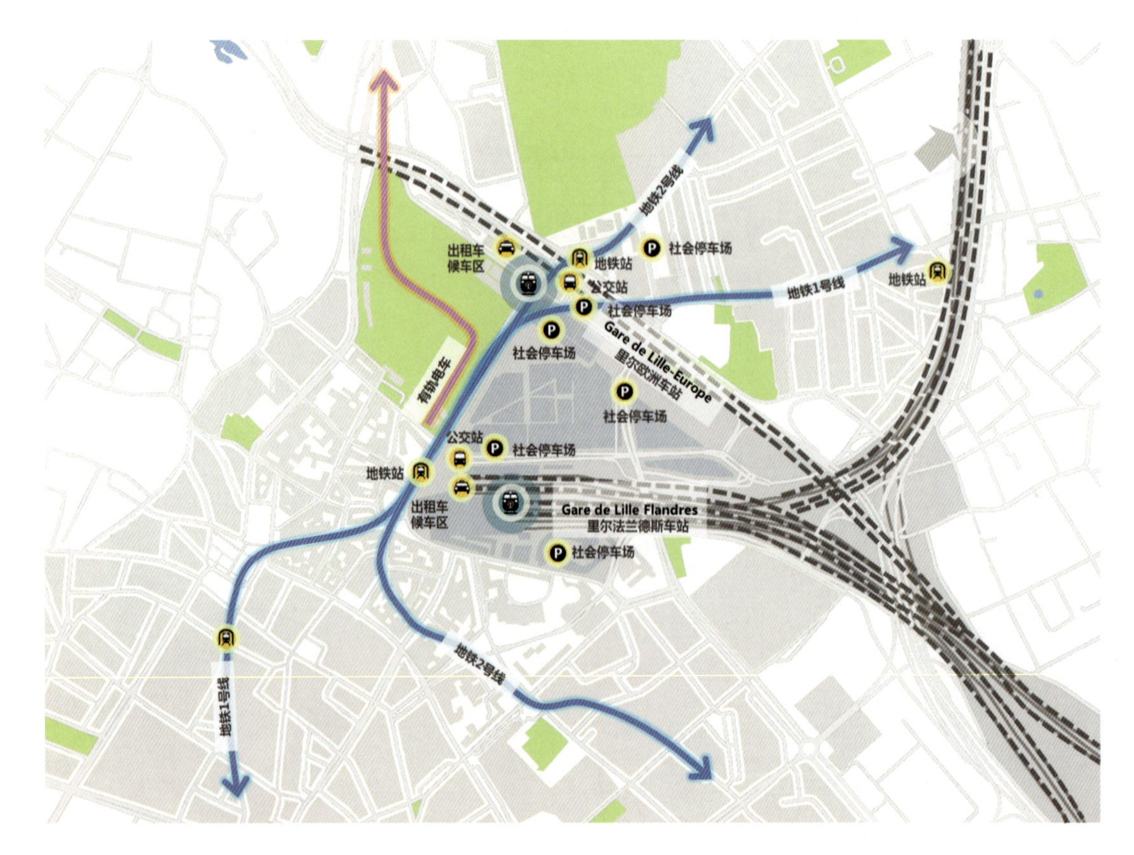

图 3–18　车站周边交通设施分布图

图 3-19　车站北面道路

图 3-20　出租车候车区

图 3-21　公交站点

图 3-22　自行车租赁及停放区

图 3-23　立体停车库

里尔欧洲车站位于城市干道西侧，与周边密集的支路形成了“内方格 + 外放射”的路网形态（图 3-24），与城市干道形成交通环线。车站通过垂直方式组织交通，车站外围道路设置公交、BRT 专用道，优先公交车进站；针对过境车辆设置港湾停车点，并设置专门的公交换乘站；通过扶梯三层与北侧道路同高，分别与出租车、公交、有轨电车站点相衔接；地铁位于站下，实现多种交通方式无缝换乘。同时，里尔欧洲车站为法国出入境枢纽，车站两侧外围设置有多处小汽车停车换乘点，满足高端商务出行的需求。

里尔欧洲车站设置有 2 条地铁线、2 条有轨电车线和 8 条常规公交线，并与城市其他交通方式形成良好衔接，车站周边的交通流线如图 3-25 所示。强大的大中运量公交系统使得里尔欧洲车站的年客运总量达到 6 000 万人次，通过对现状区域路网承载力进行分析，结合相关资料查询，以车站区域交通设施运输能力为判断基数，得到公共交通客运总量为 2 200 万 ~2 800 万人次，则公共交通年平均分担率达到 40%，其公交分担率测算如表 3-2 所示。

图 3-24　车站区域路网结构图

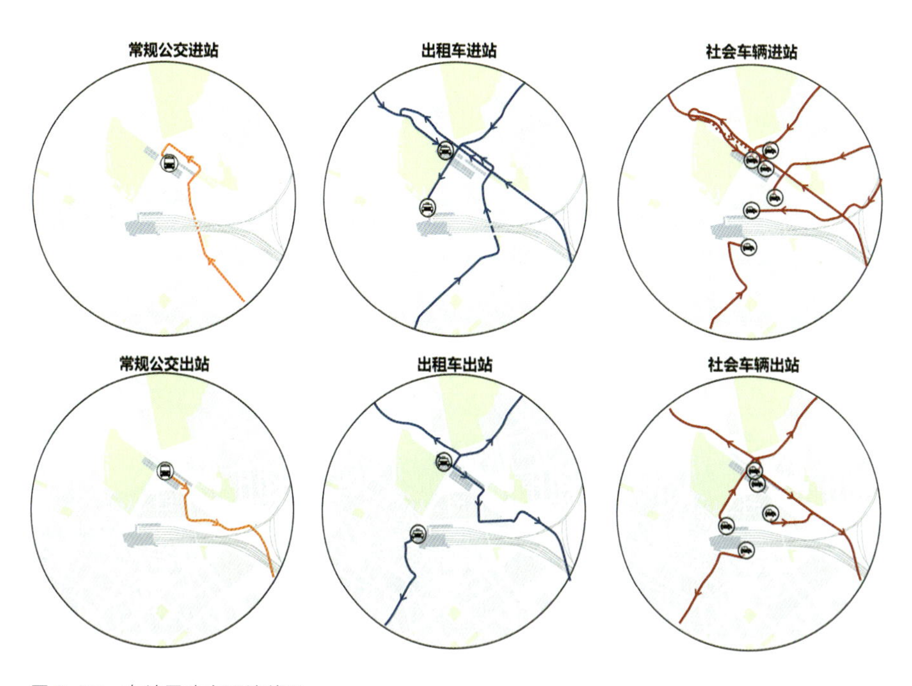

图 3-25　车站周边交通流线图

表 3-2　车站公交分担率测算表

车站股道（条）	周边路网组成	轨道交通	常规公交	年客运量（万人次）	公交年客运量（万人次）	公共交通分担率
6	方格 – 环形 – 放射式	地铁线 2 条，有轨电车线 2 条	8 条	6 000	2 200 ～ 2 800	37% ～ 48%

内部探访

里尔欧洲车站主体以轨道站台为基本层，与北侧地面同高的为车站主出入口（图3–26），与南侧地面同高，二层为转换层，三层为站厅层（图3–27）。由于城市道路分隔，站厅分设于道路东、西两边，结合地形站厅北侧出入口在三层，南侧出入口与轨道同层，通过扶梯与站厅相连。整个车站被玻璃幕墙包裹（图3–28），内部站厅与地面轨道站台通过扶梯联系（图3–29），让人在任何视角都可以直望到窗外，交通流线清晰。东站厅附有换乘中心与地铁连接。车站竖向分析如图3–30所示，车站地面层平面及流线如图3–31所示。实例照片如图3–32—图3–36所示。

图3–26　车站主出入口

图3–27　车站候车大厅

图 3-28　被玻璃幕墙包裹的车站

图 3-29　站厅与地面轨道连通

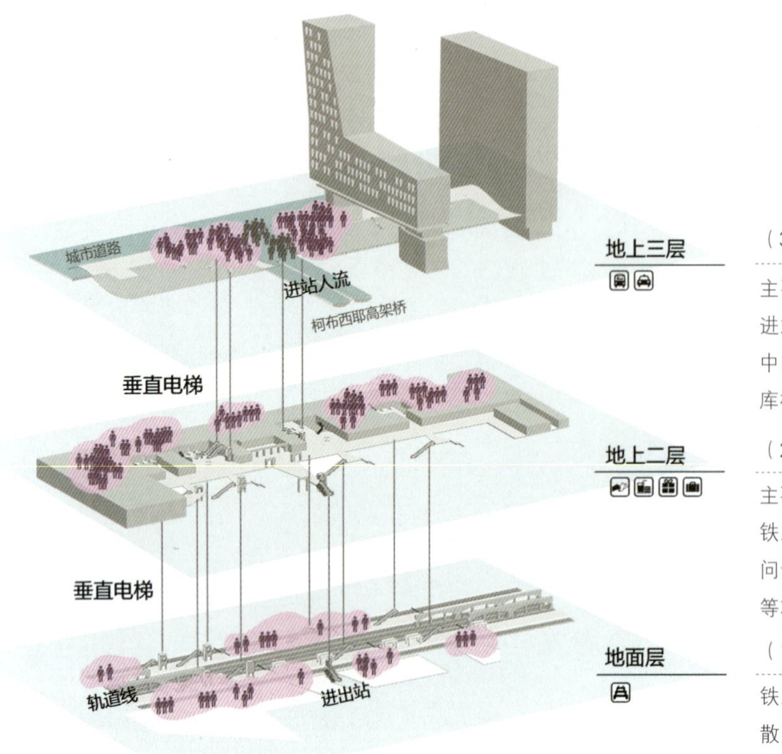

（3F）站厅层

主要人流和车流集散层，旅客进站层，分为东、西两个站厅，中间被城市道路分隔，与停车库相连

（2F）转换层

主要人流集散层，旅客集散层，铁路站厅的主要服务层，提供问询、存放行李、购票、休息等功能

（1F）站台层

铁路站台层，与南面公园和集散广场同层设置，北面可换乘地铁和公交

图 3-30　车站竖向分析图

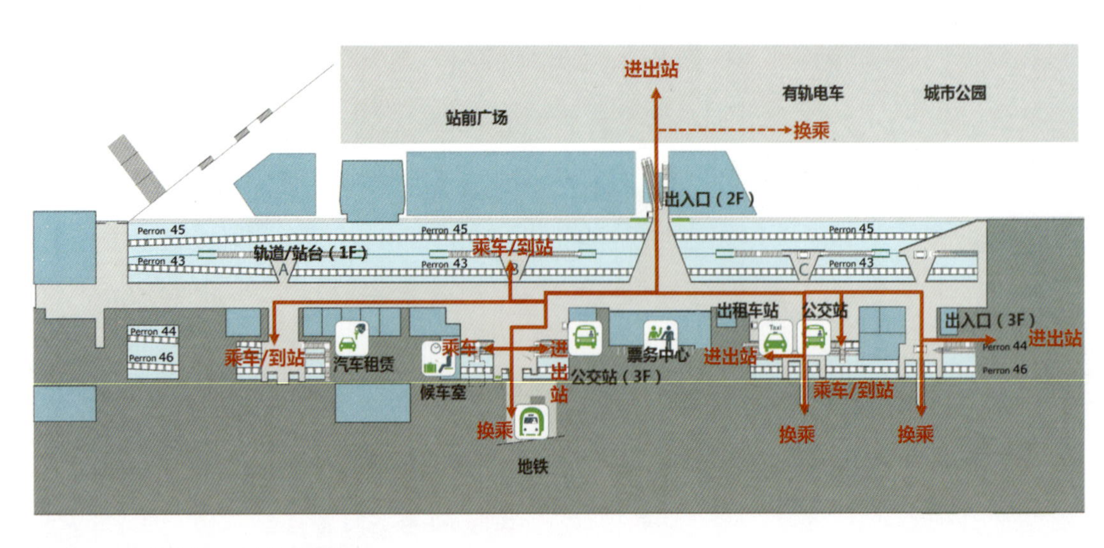

图 3-31　车站轨道层平面及流线图

图 3-32　换乘中心

图 3-33　转换层

图 3-34　垂直连接设施

图 3-35　地铁站台

图 3-36　内部通道

镜头采撷

- 柯布西耶高架桥不一般的桥下空间（图 3–37）
- 换乘中心的壁画描绘了老城历史（图 3–38）
- 候车厅里的儿童专区是大厅里最为色彩斑斓的区域（图 3–39）
- 站前广场的花形雕塑充满童趣（图 3–40）

图 3–37　柯布西耶高架桥

图 3–38　换乘中心的壁画

图 3–39　候车厅里的儿童专区

图 3–40　站前广场的花形雕塑

SNCF

Gare de Paris-Montparnasse

法国巴黎蒙帕纳斯车站

行走印象

巴黎的旅游行程中往往包含蒙帕纳斯大厦，大厦楼顶是眺望巴黎全景的好去处。大厦正对的建筑裙房占据整个街区，超大的屋顶花园为四周的办公居住人群提供了休憩场所（图3-41），甚至还有连廊连接街道对面的学校。只有进入地面层才会发现这是一个规模超大的车站。蒙帕纳斯车站（Gare de Paris-Montparnasse）包含了多种铁路运输功能和城市轨道交通功能，如巴黎地铁、郊区铁路、高铁、省际列车等，同时也包含多样化的城市功能。沿着车站走一圈，没有人流特别集中的地方，除了商铺间不时有不同标志的停车场入口，还有路边密集的公交车站，与一般的综合商务楼并没什么两样。换句话说，车站完全融合进综合体中，大量的交通流全部进入地下，上盖的商务居住物业并没有受到太大的影响，土地开发集约到极致。

图 3-41　蒙帕纳斯车站上盖花园

图 3-42　巴黎区位示意图

图 3-43　蒙帕纳斯车站区位示意图

车站简介

蒙帕纳斯车站所在城市——巴黎（Paris）（图 3-42），地处法国北部巴黎盆地中央，位于塞纳河畔，是法兰西共和国的首都，法国的政治、经济、文化、商业中心。市区面积为 105.4 平方千米，人口为 220.65 万人（2015 年）。

蒙帕纳斯车站是巴黎全市的 7 个火车站之一（图 3-43），位于巴黎市区南偏西的十四区。列车主要开往巴黎西郊和西南郊、法国西部和西南部以及西班牙北部。20 世纪 60 年代，该站在原址上进行了一次大规模重建，1990 年为迎接新开通的 TGV 大西洋线，再次进行改造。蒙帕纳斯车站为尽端式车站，24 个站台，车站客流量每年为 7 000 万人次，是巴黎第四繁忙的铁路车站。

蒙帕纳斯车站西北和东南侧区域为商业区，车站正前方屹立着城市地标性建筑蒙帕纳斯大厦，站前交通广场规模并不大，包含巴士站和地面停车场，承担车站的交通换乘功能，商业区的外围区域为传统商住区。车站及周边功能如图 3-44 所示。

蒙帕纳斯车站作为大型的交通综合体，从功能上看，通过交通的引导构筑区域公共服务设施；从建筑形式上看，地标建筑群与周边的传统居民区及商业区具有纵向落差，犹如连绵起伏的山脉（图 3-45），既保留了原有的居住风格又增添了现代气息，既具有时代特征又有现代城市设计理念。实例照片如图 3-46—图 3-51 所示。

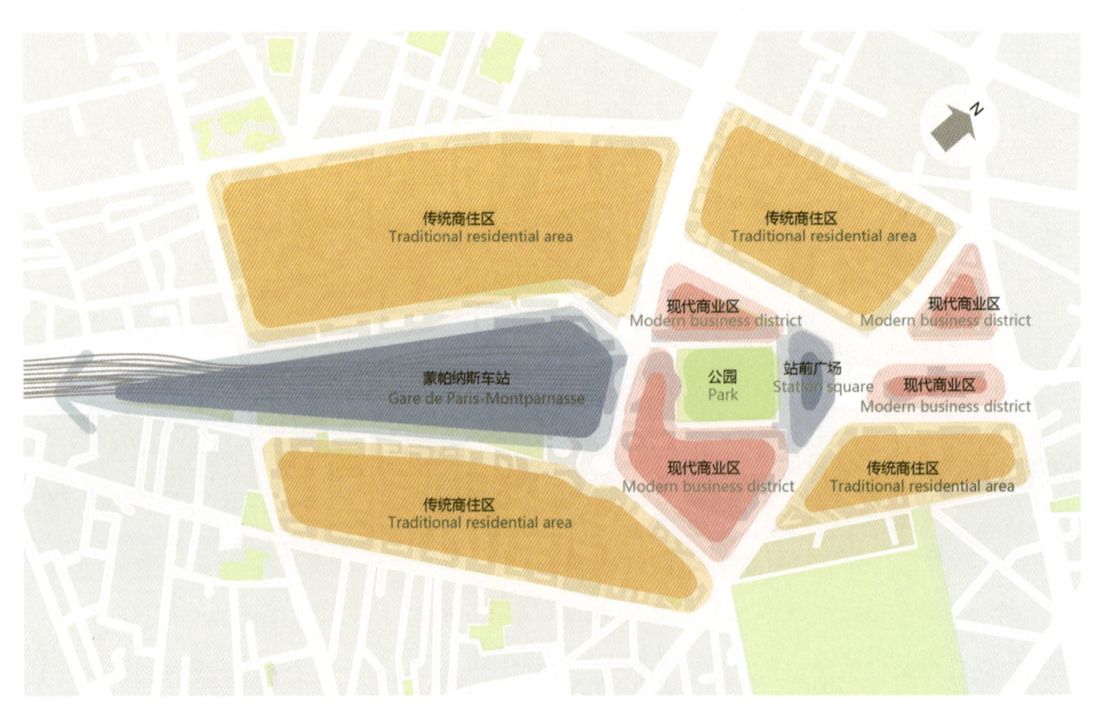

图 3-44　车站周边功能示意图

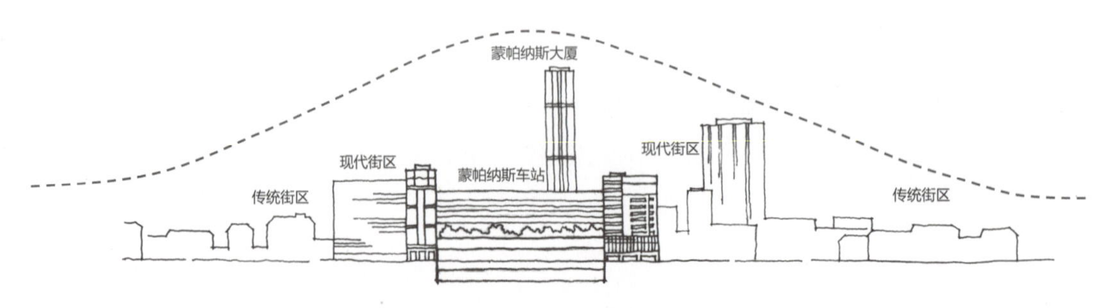

图 3-45　车站及周边的城市天际线示意图

图 3-46　车站周边现代商业区

图 3-47　蒙帕纳斯大厦

图 3-48　车站上盖办公楼

图 3-49　从车站周边眺望埃菲尔铁塔

图 3-50　车站外围商铺

图 3-51　车站南入口周边办公建筑群

空间解析

蒙帕纳斯车站虽然属于城市中心边缘地区，但因其便捷的市内交通，能及时集散大量的人流，车站周边地区同样具有用地紧张、地价高、开发强度大、城市形象要求高的特点。正如TOD圈层的开发模式，以车站综合体和蒙帕纳斯大厦为代表，构筑高强度开发的城市公共服务地区中心点（图3–52），穿插于传统居住区和商业街区之间，大部分社会经济要素在传统居住区和商业街区这些“点”上集聚，对附近区域形成强烈的经济吸引力和凝聚力，同时高度集聚也对周边地区产生了一定的辐射和扩散作用。然而由于空间可达性和位置级差地租的存在，向区域内扩散并非均质的，而是通过轨道交通等线状基础设施作为载体寻找传递的最佳路径，从而形成“空间生长轴”（图3–53）。

对于车站本身，轨道上盖站房，屋顶平台建成草坪花园，站房四周围合高层板楼，商业、办公、居住等功能复合叠加（图3–54、图3–55）。各楼单元既有单独出入口，也有连接站房的通道。站房下方主要为各类停车场和地铁站。沿街门面有序地布置各类出入口，平台也布置有廊桥连接到道路对面的建筑。根据建筑体量估算，非交通功能面积远大于交通功能面积。实例照片如图3–56—图3–66所示。

蒙帕纳斯车站建筑呈现了业态构成复合多元、空间形体复合高效、城市设施复合发展的城市综合体特征。从现场观察可见，各功能场所运行井然有序，除了站房中候车人群熙熙攘攘，其他集散空间中只有匆匆人影。

1. 车站站房及轨道
2. 屋顶花园
3. 停车库
4. 商务办公楼
5. 周边办公建筑群
6. 蒙帕纳斯大厦
7. 传统居住区和商业街区

图3–52　以车站为中心的空间布局图

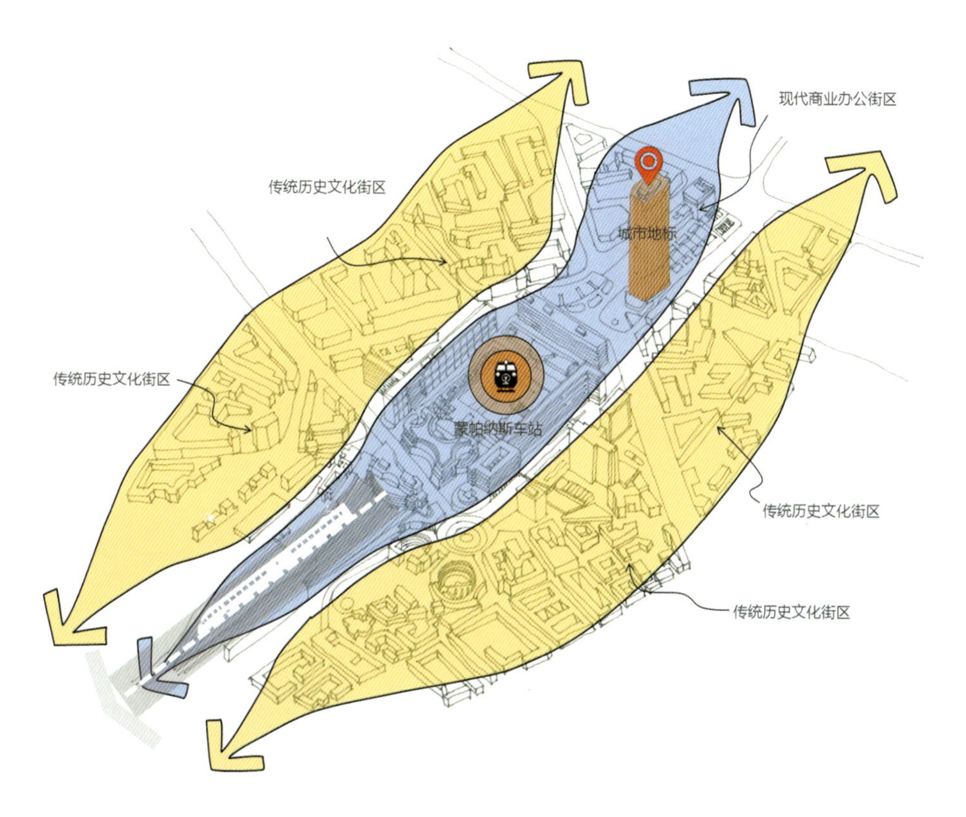

图 3-53　车站带动的空间生长轴示意图

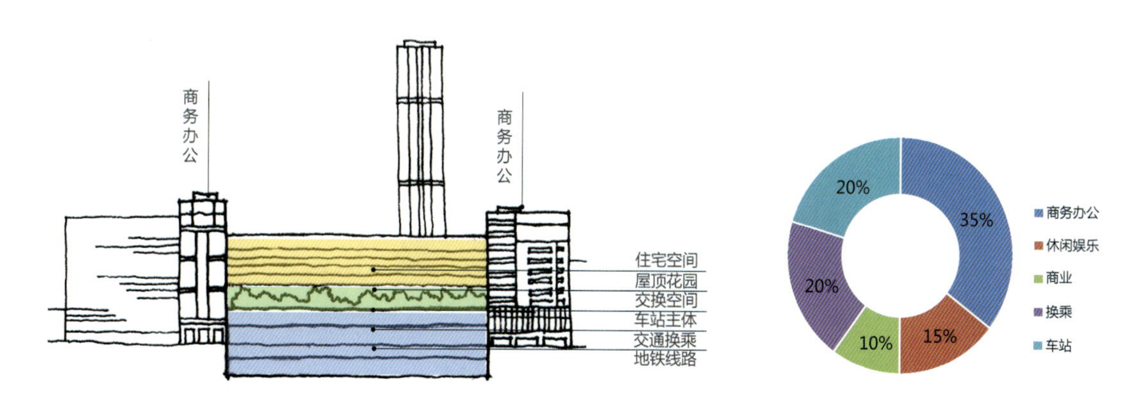

图 3-54　车站功能立体化示意图

图 3-55　车站综合体功能比例构成图

图 3-56　轨道上方屋顶花园

图 3-57　屋顶花园广场景观

图 3-58　上盖建筑连接通道

图 3-59　屋顶花园上的道路

图 3-60　车站东北侧出入口

图 3-61　车站东南角出入口

图 3-63　车站及周边区域地图

图 3-62　车站外围道路

图 3-64　屋顶花园连接道路对面建筑的人行天桥

图 3-65　屋顶花园西北侧出入口

图 3-66　车站南侧出入口建筑

交通研判

为满足站点周边大量人流集散和换乘的要求，蒙帕纳斯车站通过引入 4 条容量大且快速高效的城市轨道线路（其中，6 号线和 13 号线就在车站地下，4 号线和 12 号线则通过一条长的电动步道与 6 号线和 13 号线相连），建立以轨道交通为骨干、城市公交为主体、出租车为补充的公共交通系统（图 3–67）。

车站接入了多种类型的交通形式，通过各种交通方式换乘疏散人流和车流，出站通道直接与周边办公楼出入口相连，真正做到车站直达办公中心，为公共交通出行提供了极大的便利。实例照片如图 3–68—图 3–74 所示。

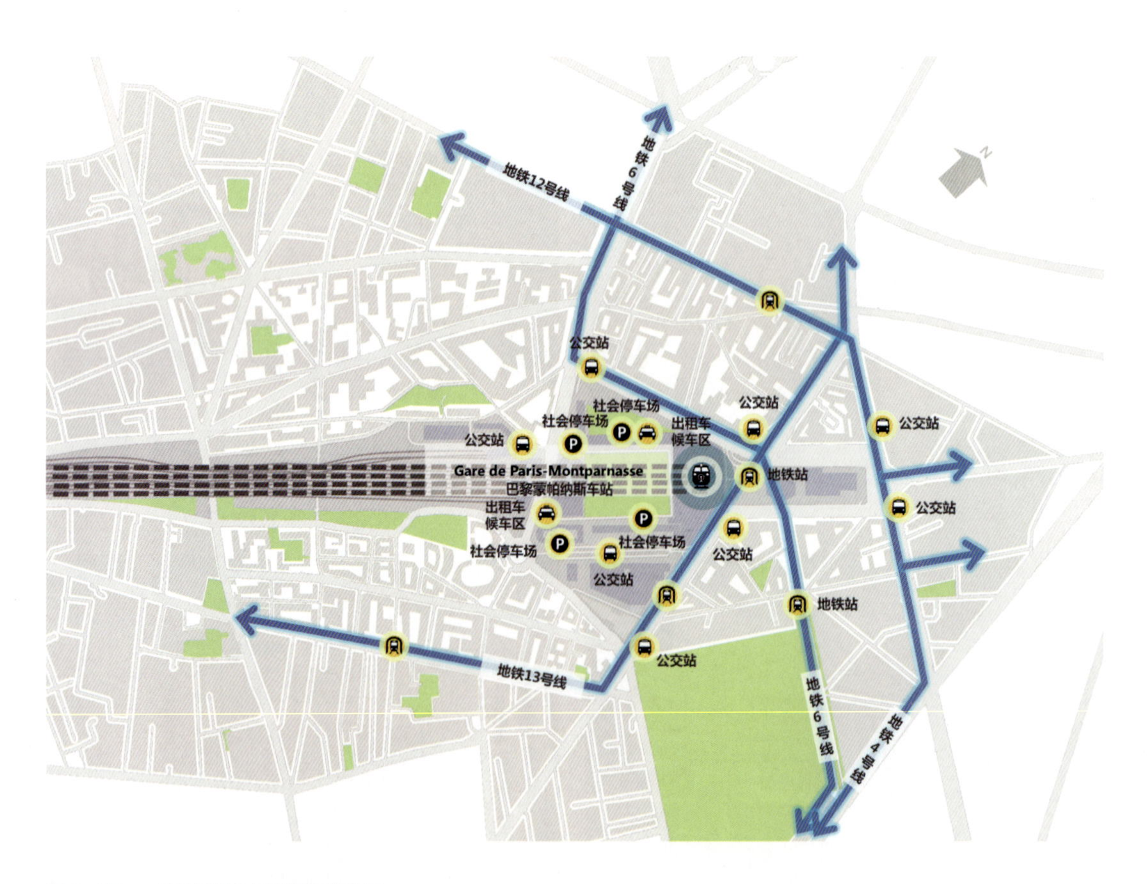

图 3–67　车站周边交通设施分布图

图 3-68　蒙帕纳斯车站正立面

图 3-69　地铁出站口

图 3-70　市内巴士站

图 3-71　停车场出入口

图 3-72　机场巴士站

图 3-73　地铁接驳及机场巴士站

图 3-74　出租车候车区

蒙帕纳斯车站周边路网呈环形放射的布局形式（如图 3–75），是尽端式车站立体综合开发的典范。为保障地面交通顺畅，车站通过在站前实现公交车、出租车的衔接和在地下实现轨道交通的无缝换乘，构建地下轨道与步行、地面车行与步行、空中步行的多层次立体交通空间，并在车站两侧外围设置小汽车的停车换乘空间。

蒙帕纳斯车站的年客运总量达到 7 000 万人次，车站设置有 4 条地铁线和 17 条常规公交线路，车站周边的交通流线如图 3–76 所示。通过对现状区域路网承载力进行分析，结合相关资料查询，以车站区域交通设施运输能力为判断基数，得到蒙帕纳斯车站公共交通年客运总量达 3 800 万 ~4 900 万人次，则公共交通年平均分担率达到 60%，其公交分担率测算如表 3–3 所示。

图 3–75　车站区域路网结构图

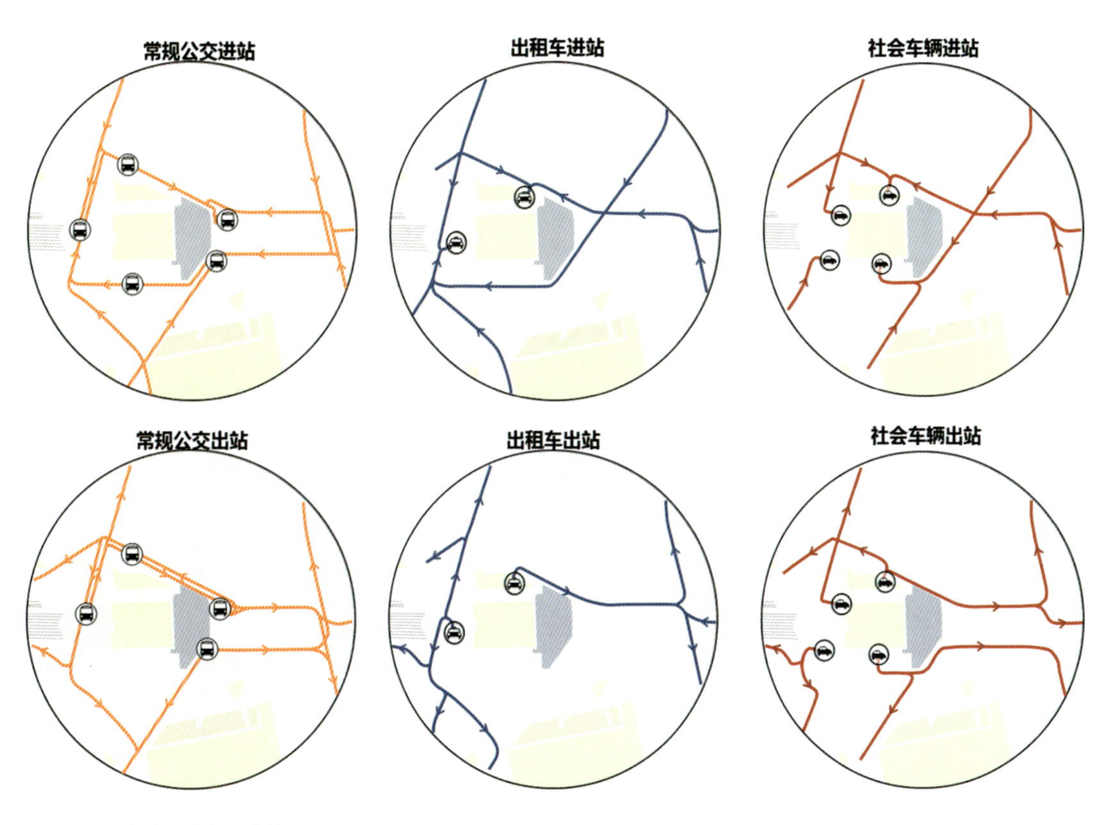

图 3-76　车站周边交通流线图

表 3-3　车站公交分担率测算表

车站股道（条）	周边路网组成	轨道交通	常规公交	年客运量（万人次）	公交年客运量（万人次）	公共交通分担率
28	环形放射式	地铁线 4 条	17 条	7 000	3 800 ~ 4 900	55% ~ 70%

内部探访

蒙帕纳斯车站站房有地上四层及地下一层。轨道站台在三层，尽端式 12 对站台一字排开；二层为候车大厅，建有夹层；一层设置车站地面出入口，各种商业配套设施分散其中；地下一层主要为地铁站和停车场（图 3–77）。车站轨道层平面及流线分析如图 3–78 所示。各个空间错落有致，交通标线醒目清晰。实例照片如图 3–79—图 3–84。

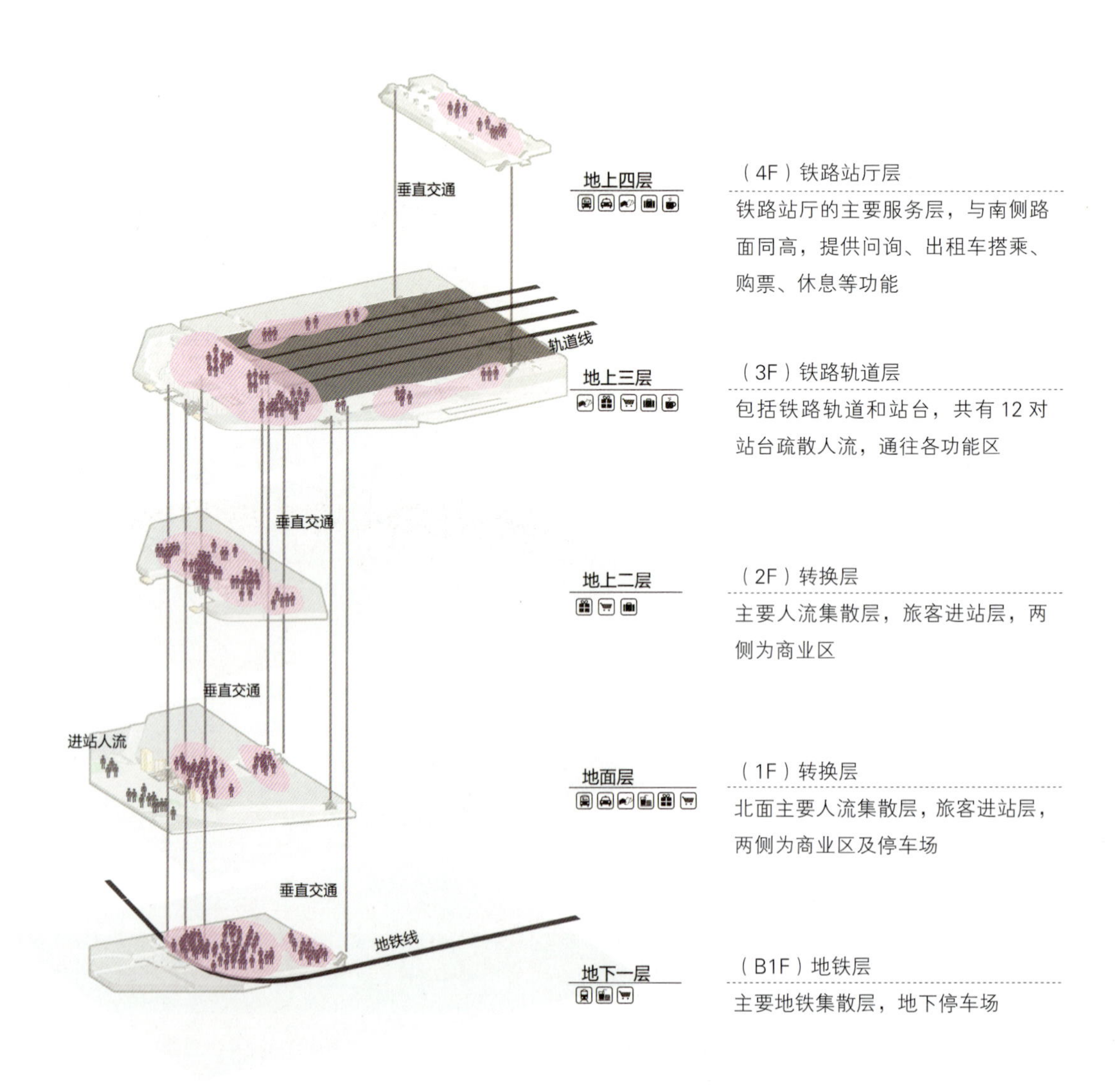

图 3–77　车站竖向分析图

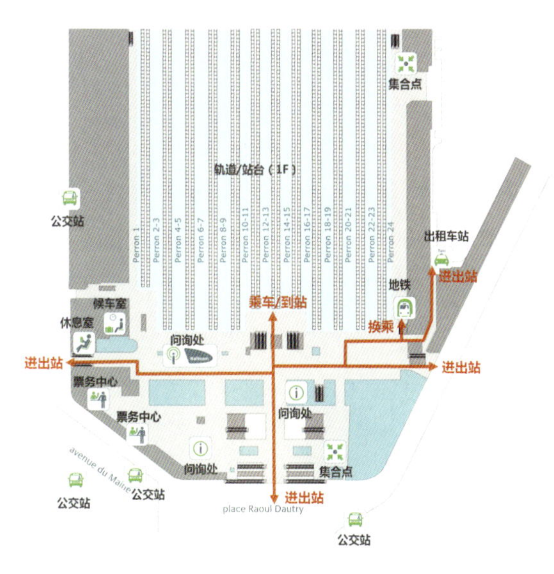

图 3–78　车站轨道层平面及流线图

图 3–79　站台层

图 3–80　进站口

图 3–81　候车大厅一角

图 3–82　候车厅夹层

图 3–83　换乘通道

图 3–84　候车大厅及列车信息牌

镜头采撷

- 高耸的蒙帕纳斯大厦可望而不可即（图 3-85）
- 花园中的各种雕塑小品最值得玩味（图 3-86—图 3-88）
- 屋顶花园中的标志小品（图 3-89）

图 3-85　仰视蒙帕纳斯大厦

图 3-86　屋顶花园小品

图 3-87　屋顶光照分析

图 3-88　屋顶花园通廊

图 3-89　屋顶花园小品

第四章　空间融合篇

不是所有的车站都可以带出一个新城，也不是所有车站都需要扮演标志性建筑的角色。回归车站的本性，那就是人们使用包括高铁在内的轨道交通的上落站。本章的三个案例就属于这样的角色。它们占地面积不大，却拥有完整的交通换乘系统。车站建筑融合在街区之中，直接渗入客源地，同样承担着不凡的运输量，这也是值得学习的一种车站模式。

行走

BRUXELLES CENTRAL
BRUSSEL CENTRAAL

Brussels Central Station

比利时布鲁塞尔中央车站

行走印象

布鲁塞尔最出名的莫过于撒尿男孩了，他所拯救的城市位于比利时皇城脚下。就在老城与皇宫之间，居然隐藏着一座火车站：布鲁塞尔中央车站（Brussels Central Station）。在地图上都看不到代表车站的轨道，地面上就是一栋被三条街巷围合的街角楼房（图 4–1），不认识本地文字的游客还以为是座熙熙攘攘的商场。车站入口门厅不大，内部空间错落有致，精美的壁画点缀其中，时刻表、售票机占据了两面墙，另一面则是通向地下的大楼梯，原来乾坤就在地下，四通八达的通道，醒目的指示牌指引着方向，再下一层，弧形的站台站满了候车的人们。列车频繁地进站出站，到卢森堡、阿姆斯特丹等西欧大城市有直达特快列车。原来，车站位于布鲁塞尔最重要的旅游胜地，既要有大型交通设施，更要保护历史建筑，维持历史风貌，因此轨道沿着街道全部铺设在地下，并遵循老街道的走向，站台也设置成弧形，这在车站建设中是不多见的。地面站房完全融合进了历史街区，换乘主要靠地铁公交，游客出站通过负一层的过道就可直接进入老城的步行区。

图 4–1　布鲁塞尔中央车站主入口

车站简介

布鲁塞尔中央车站所在城市——布鲁塞尔（Brussels），是比利时首都（图 4-2），位于荷比法铁路干线的心脏地带，拥有全欧洲最精美的建筑和博物馆，摩天大楼和中世纪古建筑相得益彰，被誉为欧洲最美丽的城市。城市面积为 32.61 平方千米，人口约为 17.93 万（2015 年）。

布鲁塞尔中央车站位于布鲁塞尔老城中心（图 4-3），始建于 1952 年，是布鲁塞尔的 3 个国际车站之一，该站主要面向国内客流。布鲁塞尔中央车站为通过式车站，拥有 3 个岛式站台，有 6 股道，旅游旺季日客流量有 15 万人次，工作日的时候为 6 万人次，车站客流量每年约为 1 800 万人次，是比利时最繁忙的火车站。

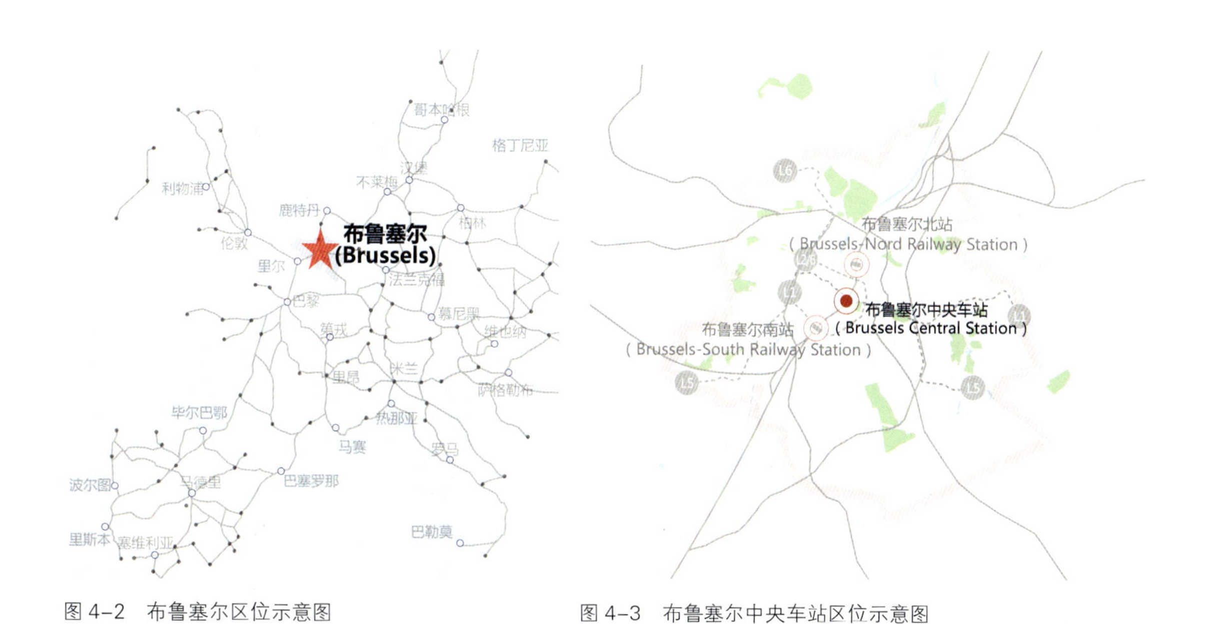

图 4-2　布鲁塞尔区位示意图

图 4-3　布鲁塞尔中央车站区位示意图

图 4-4 车站周边功能示意图

城市观察

布鲁塞尔老城以路易十六时期的皇宫为中心，呈环状向外建设，是王宫、议会、政府机关所在地和住宅区，集中了各种风格的历史建筑及藏品丰富的博物馆。

布鲁塞尔老城城市肌理格局保留完好，街道窄，密度大，多为 5 层楼左右的中世纪古建筑，车站周边形成老城商业办公和文化休闲区（图 4-4），布鲁塞尔中央车站掩映其中，车站外围集中了大量的旅游景点，布鲁塞尔皇宫、大广场、圣于贝尔长廊、艺术之峰公园等。实例照片如图 4-5—图 4-9 所示。

图 4-5 圣于贝尔长廊

图 4-6　艺术之峰公园

图 4-7　车站对面的建筑

图 4-8　布鲁塞尔皇宫

图 4-9　车站入口之一的商场门面

空间解析

传统的车站大部分以轨道铺设在地面或高架的形式呈现在世人面前，或多或少地对城市布局产生一定的影响。布鲁塞尔中央车站完全颠覆了我们对传统火车站的认知，它属于通过式车站，位于城市老城核心区，建设之初为保持完整的老城格局，轨道穿越老城段完全采用下穿的形式（图4-10），地下通过轨道和北站及南站相连，大大缓解了城市的地面交通压力。

布鲁塞尔中央车站没有大型车站的外观，车站轨道及站台建设在地下（图4-11），车站地面建筑和老城建筑风格协调统一，完全融入老城历史街区中，老城肌理格局如图4-12所示，并通过地下空间与竖向交通融合，实现车站功能的统一。大隐隐于市，大概就是布鲁塞尔中央车站的真实写照。

一座隐藏在古老街区下的车站，每年运载着成千上万的游客到达布鲁塞尔这个世界著名的旅游城市，很难想象如此低调的车站承载了巨大的客流。车站出入口较多，与建筑出入口合并设置，站前小广场设置成环形风雨连廊，为公共交通和慢行交通提供舒适便捷的换乘空间。

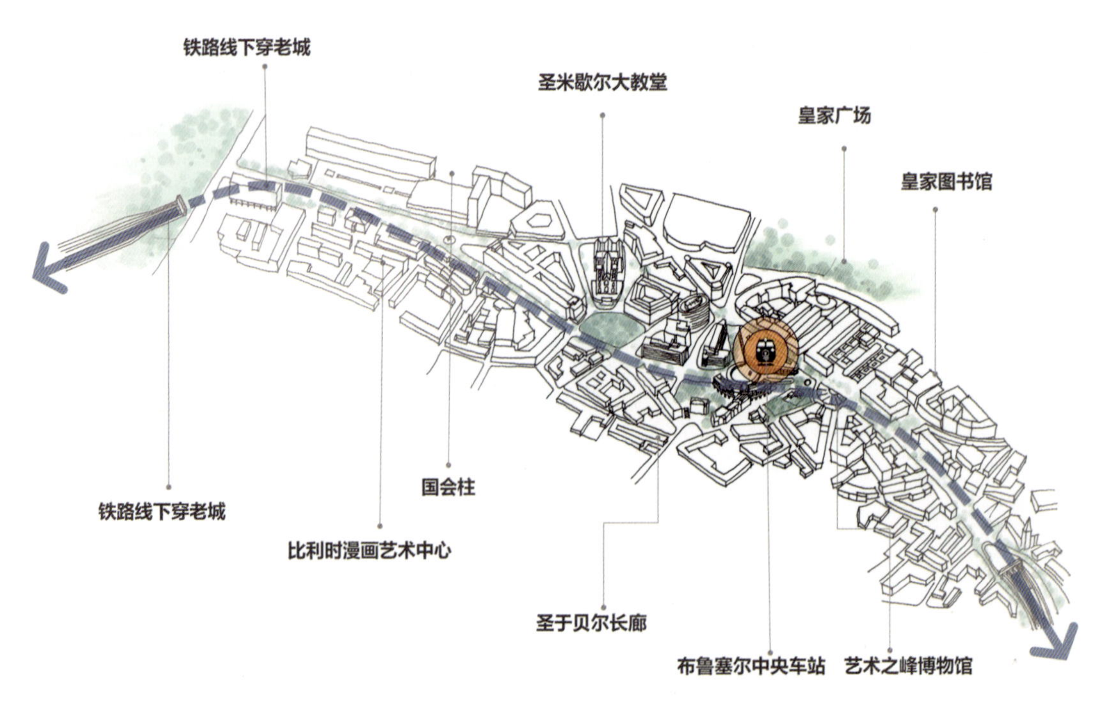

图4-10　轨道下穿老城中心示意图

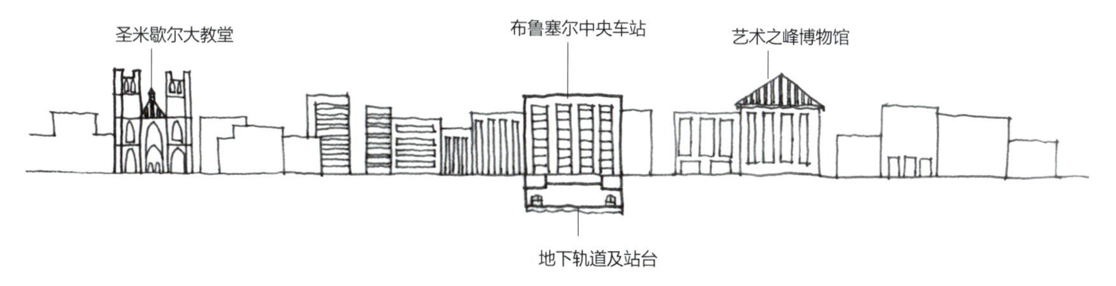

图 4-11　轨道及站台与车站的关系示意图

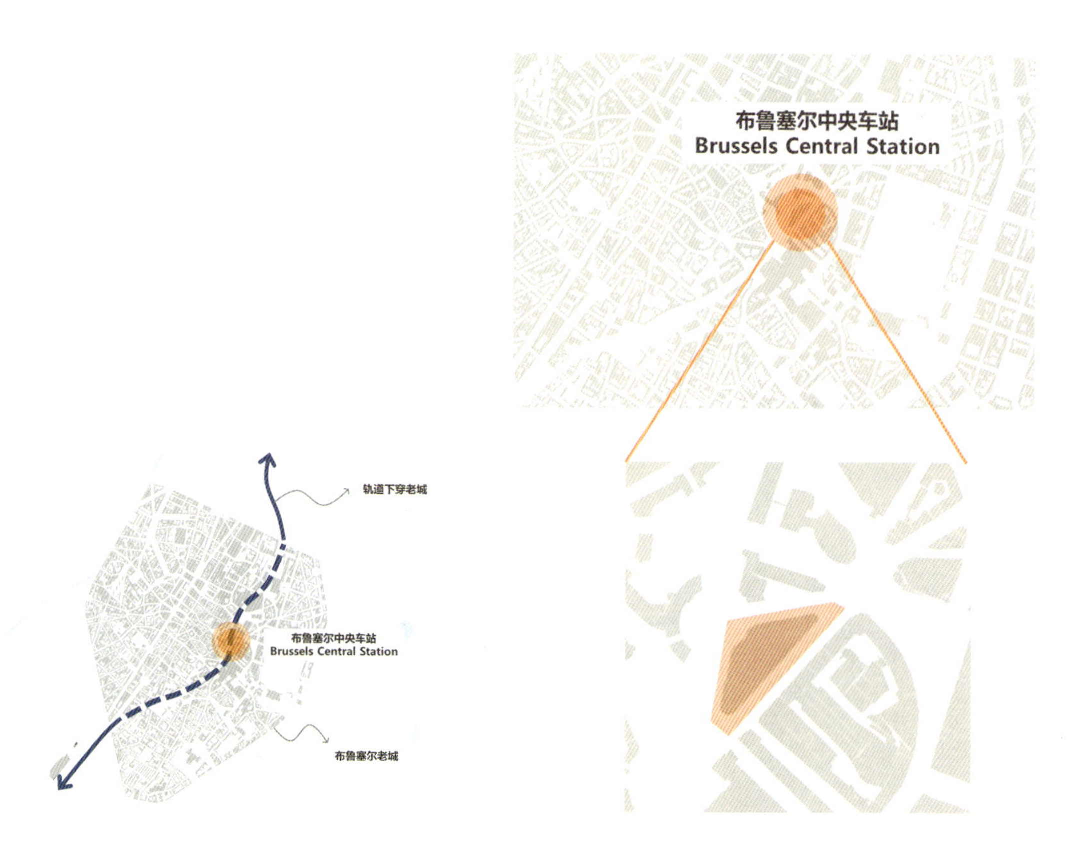

图 4-12　融入老城肌理格局示意图

交通研判

布鲁塞尔中央车站位于老城中心，与城市广场相邻，连接布鲁塞尔国际机场的同时也连接南北两个车站，是一个集中了开往布鲁塞尔国内和开往国际目的地的列车的综合铁路枢纽，车站每小时有近百趟列车通过该站，只需 2 分钟车程即可换乘至布鲁塞尔南站，再乘坐前往英国伦敦、法国巴黎、荷兰阿姆斯特丹等地的"欧洲之星""大力士"等高速列车。

布鲁塞尔中央车站的地铁站位于中央广场地下，离车站仅有 5 分钟的步行距离（通过人行隧道），通过地铁只需几分钟就能快速到达南北两站，交通便捷，这也使得布鲁塞尔中央车站的客流量逐年增长。车站周边交通设施分布如图 4-13 所示，实例照片如图 4-14—图 4-18 所示。

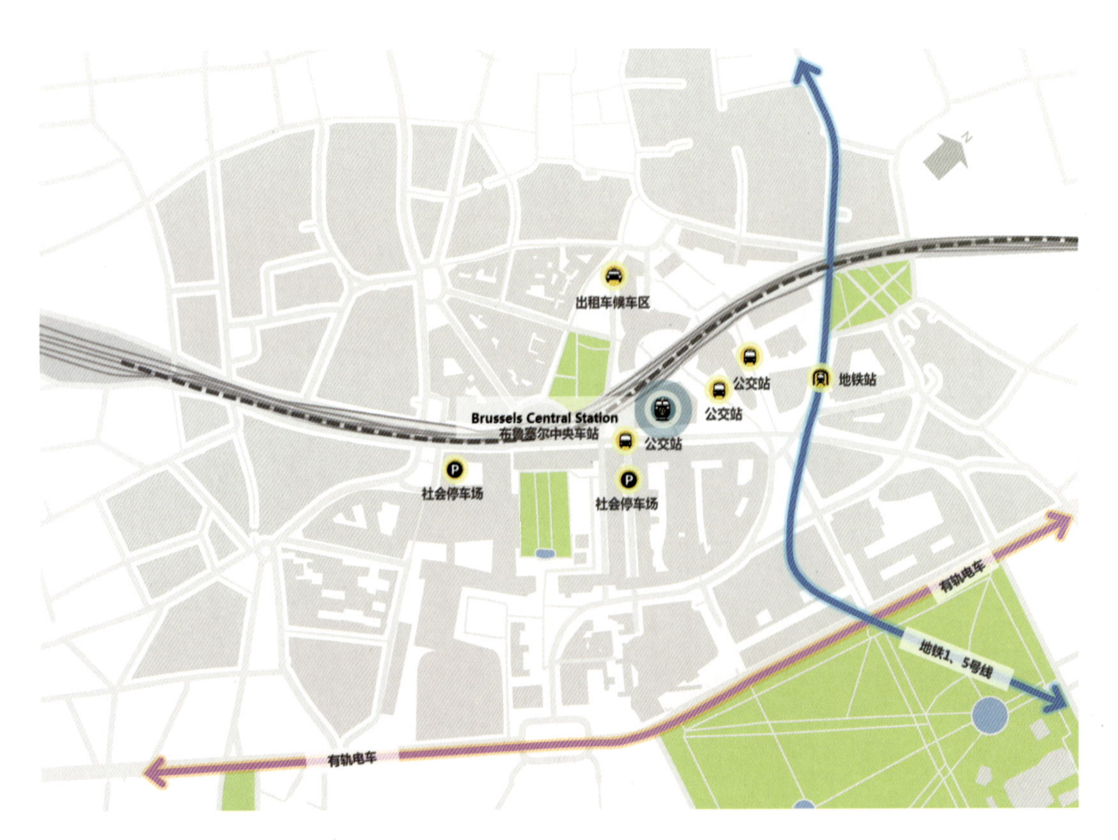

图 4-13　车站周边交通设施分布图

图 4–14　站前观光巴士站

图 4–15　公交站点

图 4–16　周边道路及人行横道

图 4–17　车站周边道路

图 4–18　车站的岛式站台

布鲁塞尔中央车站区域路网呈“环状 + 放射状”布局（图 4–19），周边区域广场众多，路网以广场为中心形成多个星形道路系统。布鲁塞尔城市交通呈现以步行交通为特色的出行特征，因此车站为集散人流，采取了出租车定点乘车处和社会车辆停车场均远离车站的设置方式，通过合理的步行距离，实现各种交通方式与车站的衔接。

布鲁塞尔中央车站年客运总量达到 1 800 万人次，车站设置有 2 条地铁线和 17 条常规公交线，车站周边的交通流线分析如图 4–20 所示。通过对现状区域路网承载力进行分析，结合相关资料查询，以车站区域交通设施运输能力为判断基数，得到布鲁塞尔中央车站公共交通客运总量为 1 000 万 ~1 350 万人次，则公共交通年平均分担率达到 65%，其公交分担率测算如表 4–1 所示。

图 4–19　车站区域路网结构图

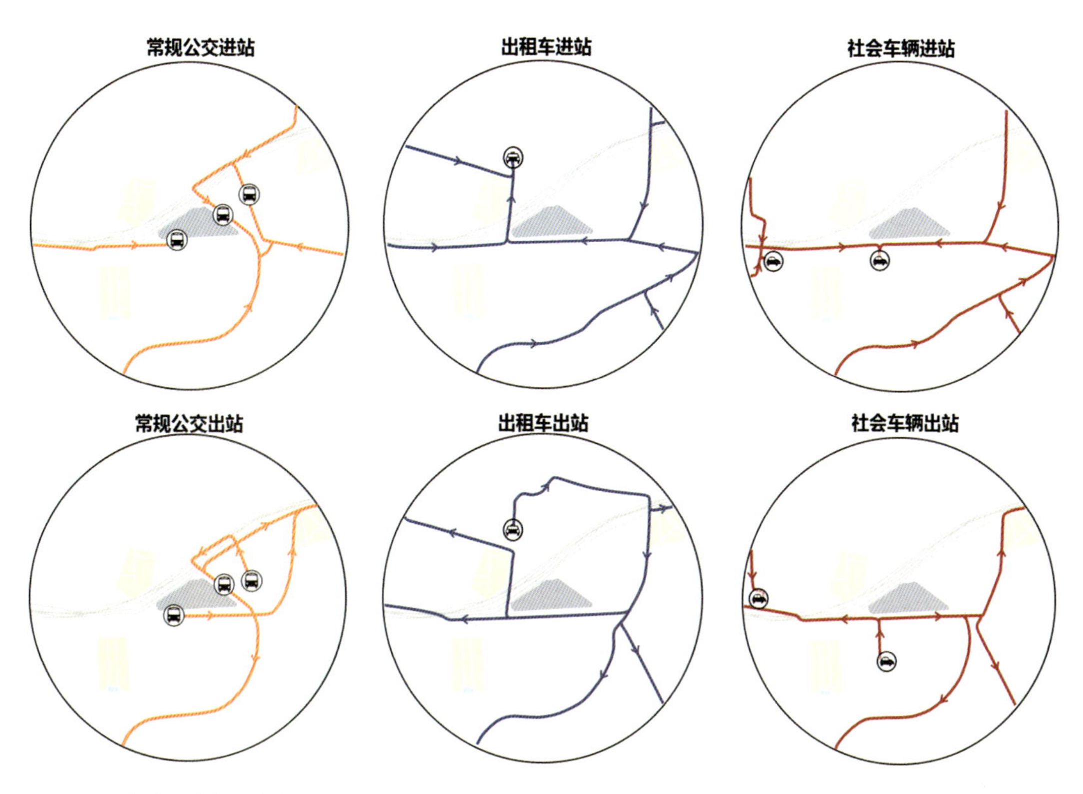

图 4-20　车站周边交通流线图

表 4-1　车站公交分担率测算表

车站股道（条）	周边路网组成	轨道交通	常规公交	年客运量（万人次）	公交年客运量（万人次）	公共交通分担率
6	星形道路系统	地铁线 2 条	日间 7 条，夜间 10 条	1 800	1 000 ~ 1 350	60% ~ 75%

内部探访

布鲁塞尔中央车站站房依托建筑地下而建，共设置三个出入口，地面层提供购票、问询、休息等各种功能，偶见乘客推着自行车进出，非常人性化；地下一层是铁路转换层，汇集旅客进出站人流；轨道站台在地下二层，有 6 股道，3 个岛式站台。车站内部空间标识导向明显，乘车信息随处可见。车站的平面流线分析如图 4-21 所示，竖向分析如图 4-22 所示，实例照片如图 4-23—图 4-29 所示。

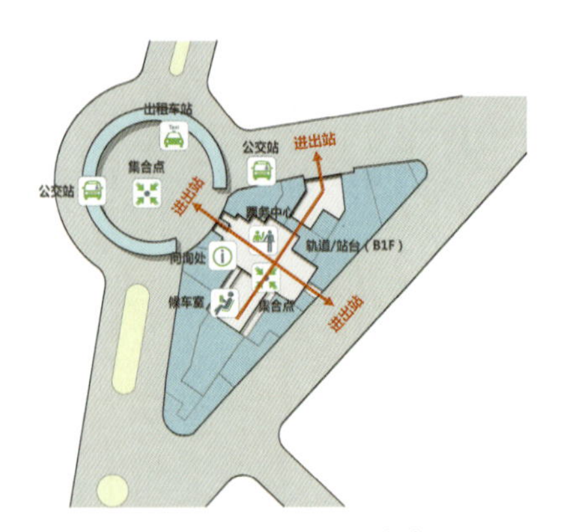

图 4-21　车站地面层平面及流线图

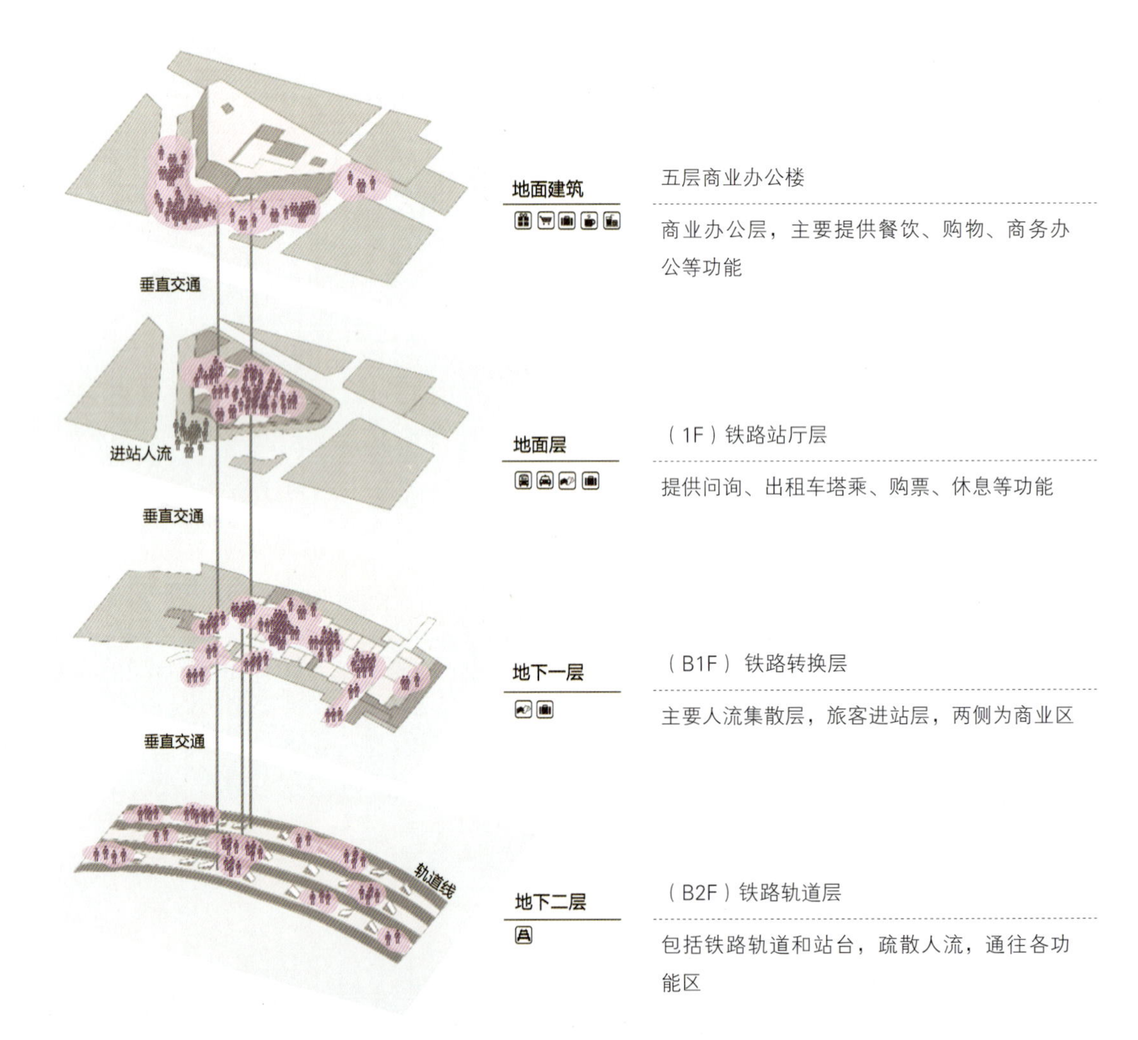

图 4-22　车站竖向分析图

图 4-23　通往站厅的楼梯

图 4-24　转换层

图 4-25　转换层车辆信息牌

图 4-26　通往站台的楼梯

图 4-27　通往转换层的入口

图 4-28　轨道及站台层

图 4-29　站厅层

镜头采撷

- 车站内的浮雕讲述着老城的历史（图 4-30、图 4-31）
- 弯曲的站台给人留下深刻印象（图 4-32）
- 以蓝精灵为代表的纪念品商场是由步行区进入车站的主入口之一（图 4-33）

图 4-30　车站内的浮雕

图 4-31　车站门口古城浮雕

图 4-32　弯曲的站台

图 4-33　车站入口童话般的标志物——蓝精灵

行走

München Hauptbahnhof

德 国 慕 尼 黑 中 央 车 站

行走印象

遇见慕尼黑中央车站（München Hauptbahnhof）是从乘坐跨国列车开始的，从意大利米兰中途转车后到达德国慕尼黑，一个以啤酒节闻名于世的德国城市。慕尼黑中央车站的特别之处在于它毗邻城市中心，车站距离市区的中心广场仅 500 米。和欧洲大部分车站类似，慕尼黑中央车站是一座尽端式车站，圆拱式建筑顶棚采用罗曼式建筑风格，内部构建体现德国工业化的时代印记。车站与老城区融合，建筑风貌上与历史建筑相协调，建筑功能上在承担交通功能的同时，也承担了城市的文化和商业功能，车站周边与儿童博物馆、邮局、酒店等联系，共同构成区域的公共服务街区。车站前方的广场设计反映出火车开往城市的“方向”的概念。车站两侧亦设置标志醒目的南北出入口（图 4–34），站前广场标识着往舒岑大街的通路，也表现出人流穿越广场的特征。车站东面与之相连的马林广场定位为城市的入口大厅。到达慕尼黑中央车站，便可以开展“一次直抵城市心脏的快速旅行”。

图 4–34　慕尼黑中央车站次入口

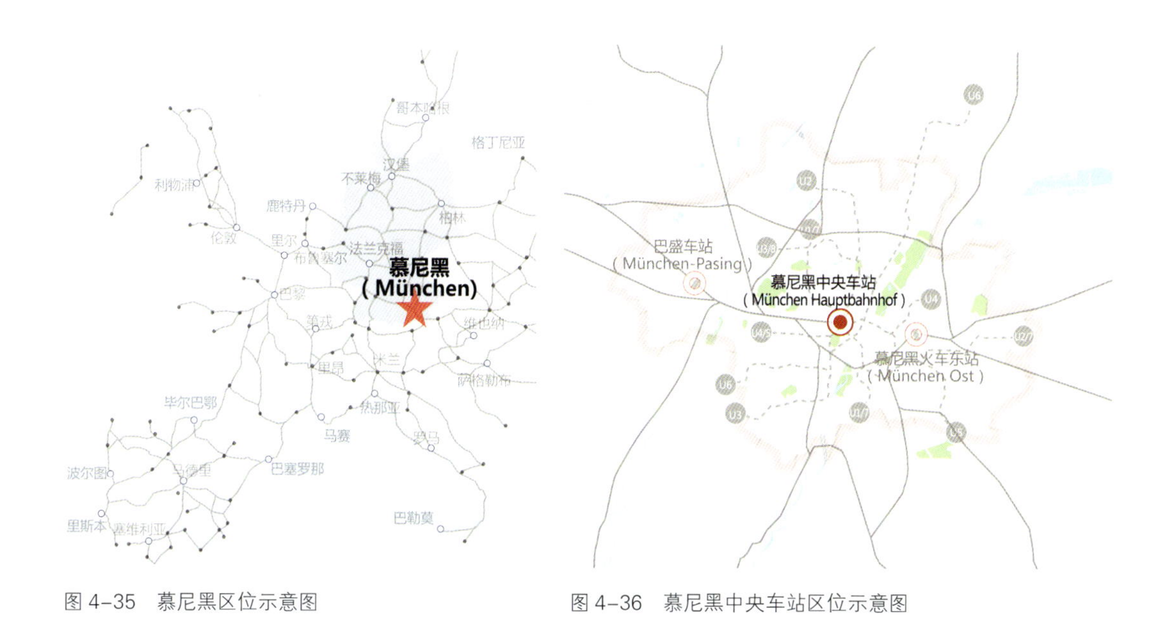

图 4–35　慕尼黑区位示意图

图 4–36　慕尼黑中央车站区位示意图

车站简介

慕尼黑中央车站所在城市—— 慕尼黑（München），是德国巴伐利亚州的首府（图 4–35），是德国南部第一大城，全德国第三大城市（仅次于柏林和汉堡）。城市面积为 310.43 平方千米，人口为 154.83 万（2017 年）。

慕尼黑中央车站位于老城中心以西，是全市三个长途火车站之一（图 4–36），列车发往德国及邻国奥地利、法国、意大利、瑞士的大部分城市。慕尼黑的其余两个长途火车站为火车东站及巴盛车站。慕尼黑中央车站始建于 19 世纪中叶，由 Carl Schnorr von Carlsfeld 等三人共同设计，其后经过多次重建。慕尼黑中央车站为尽端式车站，站房建筑连同轨道范围共占地约 76 公顷，设有 32 条地面线，其股道数量为德国所有车站之最。地下设有市郊路线及地铁线，车站客流量每年约为 1.6 亿万人次，是德国客流量排名前列的大型火车站。

城市观察

慕尼黑中央车站毗邻慕尼黑老城，周边多为城市更新区，延续老城道路格局和城市肌理，新老建筑交替。围绕车站周边商业和公共服务建筑林立，南北侧均以商业办公区为主，结合公园及行政中心一带形成集中的现代商业区，强化了城市中心的集聚效应。车站周边完全与街区相邻，没有太多的开敞空间用于人流集散；车站及周边建筑风貌和老城建筑风貌融合，视觉上协调统一。车站周边功能如图 4-37 所示，实例照片如图 4-38—图 4-43 所示。

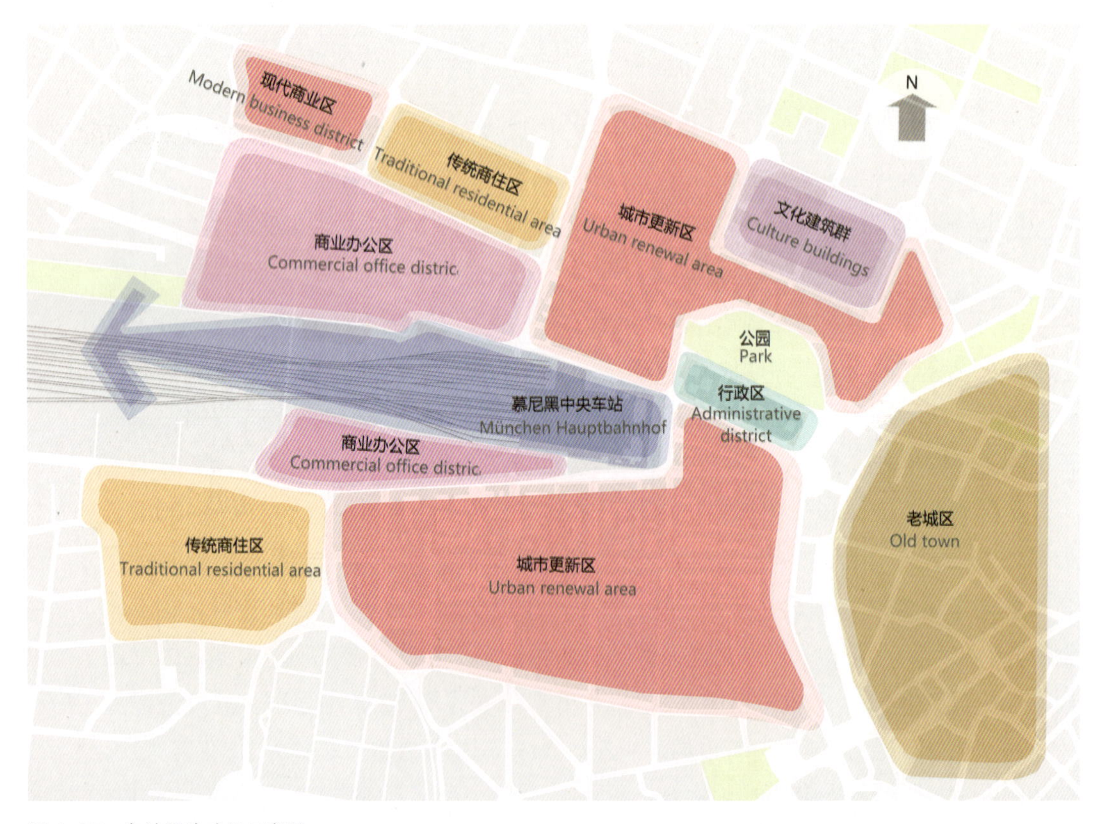

图 4-37　车站周边功能示意图

图 4-38　站前酒店建筑

图 4-39　车站周边街区

图 4-40　站前临街商业建筑

图 4-41　办公建筑

图 4-42　站前街道

图 4-43　传统建筑

空间解析

欧洲大部分车站都建于老城区，慕尼黑中央车站也不例外。作为区域性对外交通枢纽，慕尼黑中央车站的客流量巨大，而周边区域路网延续老城道路格局，没有大型立交，车流人流有条不紊，这得益于车站与城市内部公共交通体系衔接紧密，车站与城市公共建筑直接相连。现代化的交通设施和公共服务设施共同构成了一个有机整体，使乘客在交通转换时更加便捷（图 4-44）。

慕尼黑中央车站是一座尽端式车站，车站由主站 Hauptbahnhof 及两个翼站 Holzkirchner Bahnhof 和 Starnberger Bahnhof 共同构成（图 4-45）。主站为城际快速列车（ICE）、城际列车（IC）、欧洲城市列车（EC）等长距离出行服务，两个翼站则主要提供区域性出行服务。车站由于功能提升多次重建，但未改变城市格局，而且建筑风格和高度与东面老城区的风貌融合，完全融入老城的城市肌理（图 4-46、图 4-47）。

慕尼黑中央车站的布局不仅体现了空间融合，同时也突出了与城市公共交通融合发展的特征。车站复合的交通功能快速集散人流，与慕尼黑老城形成便捷联系，大大增强了老城中心区的活力和集聚度。

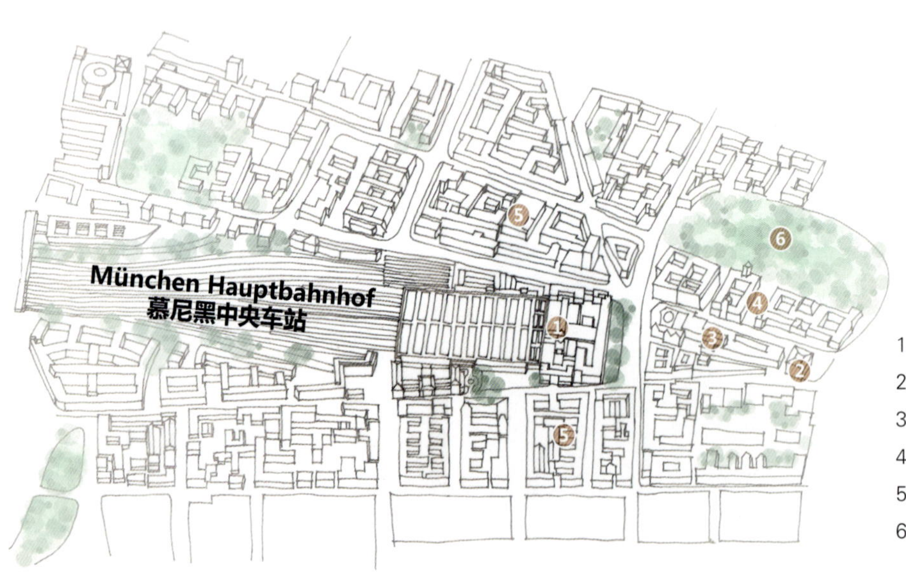

图 4-44　以车站为中心的空间布局图

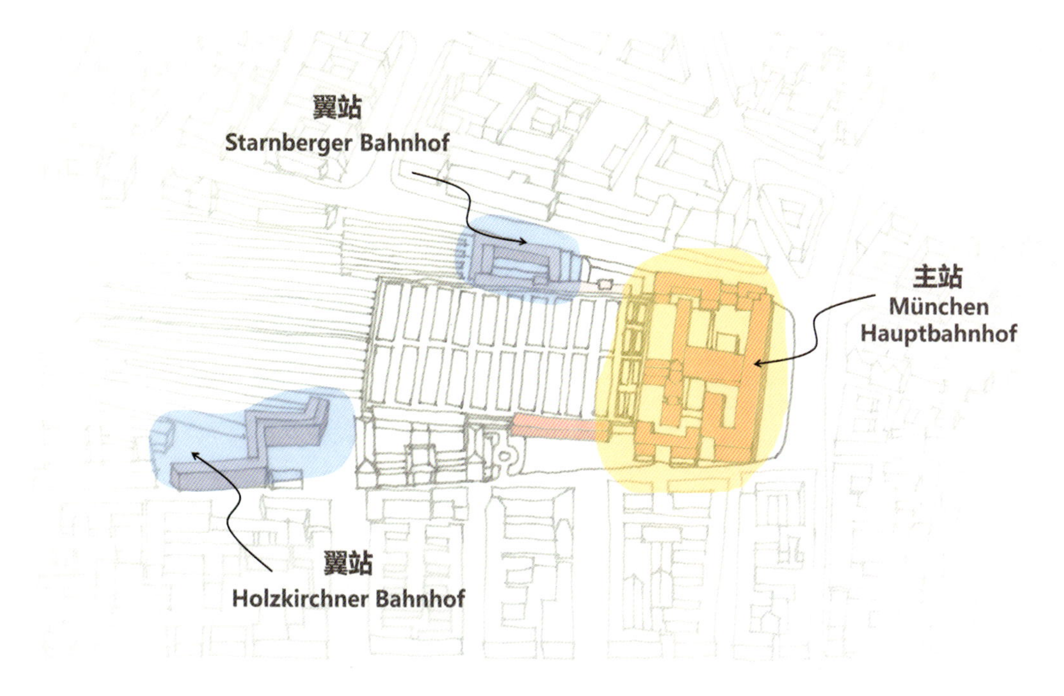

图 4-45 “一主两翼”结构示意图

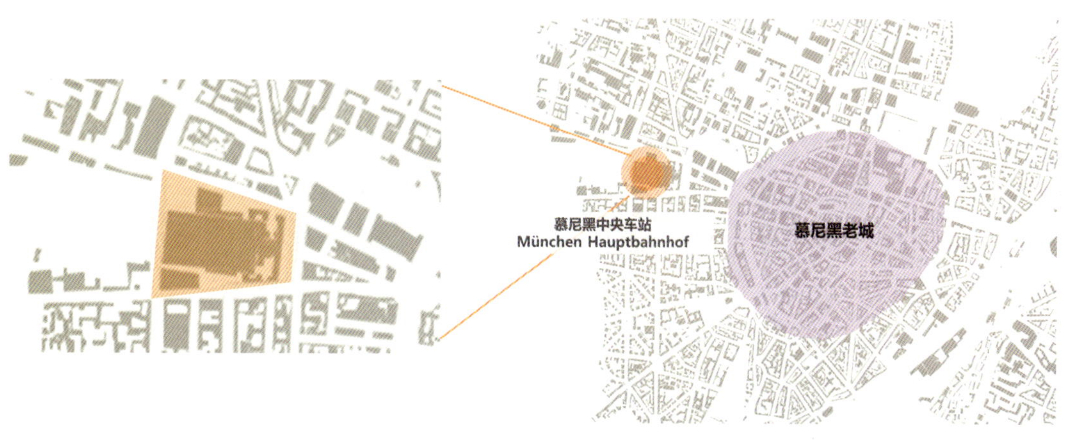

图 4-46 城市肌理融合分析示意图

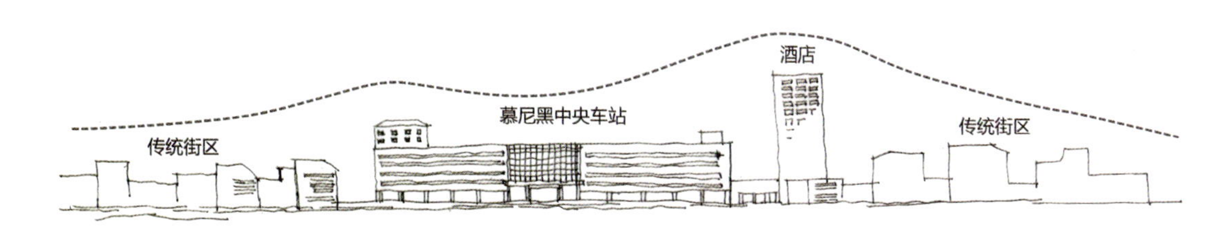

图 4-47 车站及周边的城市天际线示意图

交通研判

慕尼黑中央车站为满足车站周边大量人流集散和换乘的要求，连接了慕尼黑密集的公共交通网，一出站就能迅速衔接地铁、有轨电车和城市公交。车站接入了 5 种类型的交通形式，以轨道交通和有轨电车为骨干，城市公交为主体，出租车和私家车为补充。其中通过引入容量大且快速高效的城市轨道和有轨电车线路，实现火车与城市轨道交通的站内换乘，以减少进出车站的车流量。车站周边交通设施分布如图 4-48 所示，实例照片如图 4-49—图 4-55 所示。

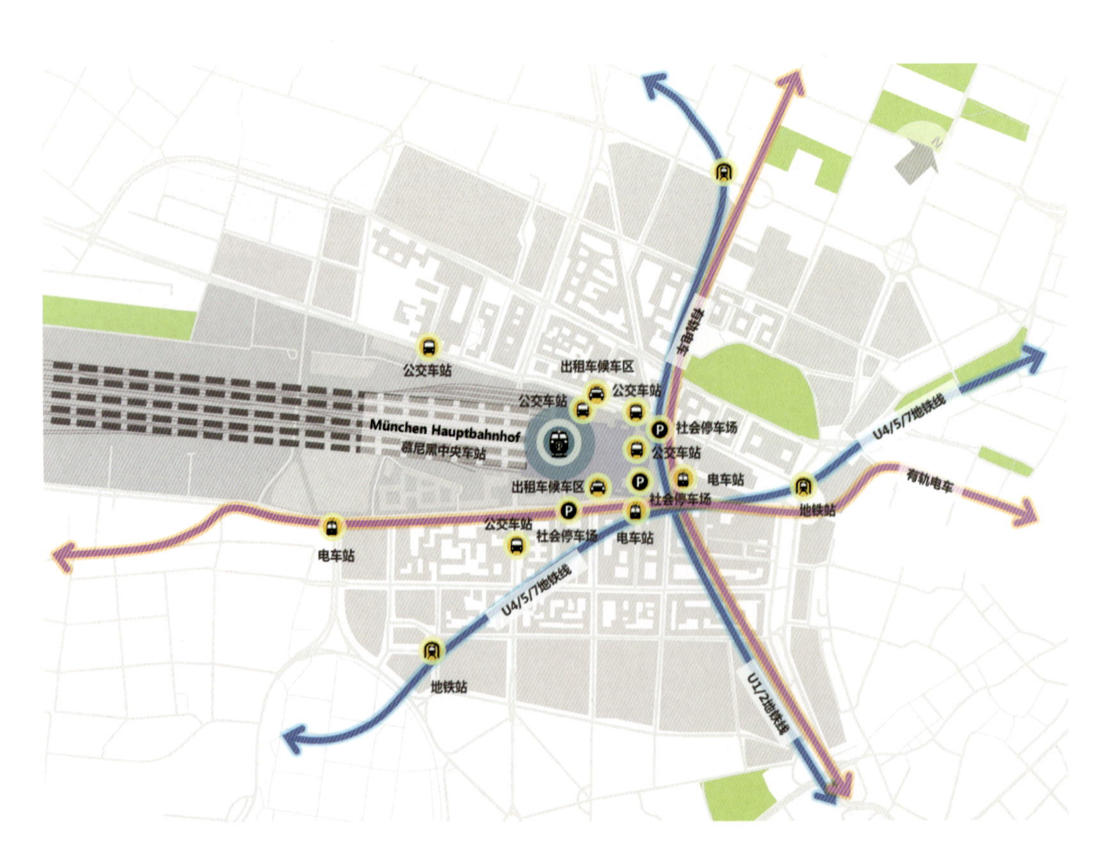

图 4-48　车站周边交通设施分布图

图 4-49　位于车站前方的地铁出入口

图 4-50　有轨电车

图 4-51　站前道路

图 4-52　有轨电车候车亭

图 4-53　位于道路中间的候车亭

图 4-54　车站周边地铁出入口

图 4-55　出租车及公交车候车区

慕尼黑中央车站通过城市道路与西面区域干路衔接（图 4–56），周边区域基本形成“六横四纵”的路网结构，共由 23 个道路交通节点组成，与配套的出租车定点乘车、公交、有轨电车站点较好地衔接。车站为尽端式车站，地面层用于疏散人流及发车，地下一层为地铁集散层，提高换乘效率。

慕尼黑中央车站年客运总量达到 1.6 亿人次，是欧洲客流量最大的车站之一。车站设置有 6 条地铁线、7 条有轨电车线和 18 条常规公交线，车站周边的交通流线分析如图 4–57 所示。通过对现状区域路网承载力进行分析，结合相关资料查询，以车站区域交通设施运输能力为判断基数，得到慕尼黑中央车站公共交通客运总量为 5 000 万 ~ 8 800 万人次，则公共交通年平均分担率达到 50%，其公交分担率测算如表 4–2 所示。

图 4–56　车站区域路网结构图

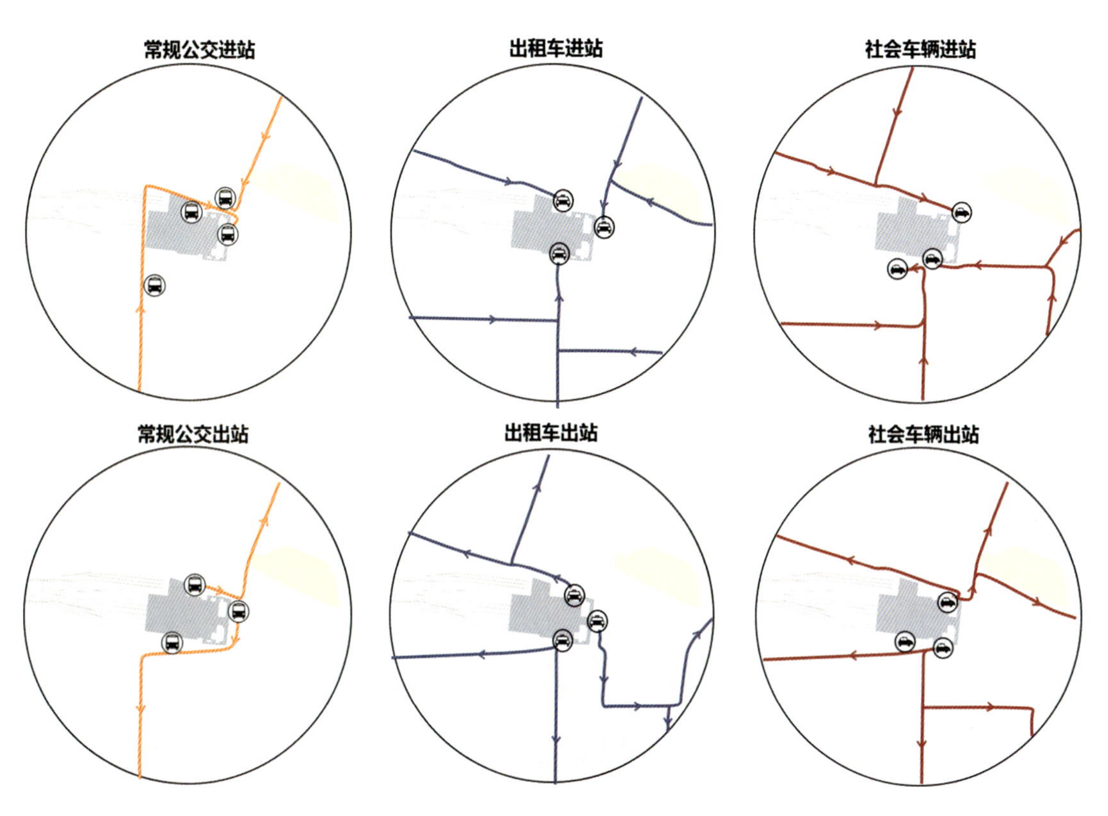

图 4-57　车站周边交通流线图

表 4-2　车站公交分担率测算表

车站股道（条）	周边路网组成	轨道交通	常规公交	年客运量（万人次）	公交年客运量（万人次）	公共交通分担率
32	六横四纵	地铁线 6 条，有轨电车 7 条	18 条	16 000	5 000 ~ 8 800	32% ~ 55%

内部探访

慕尼黑中央车站呈现“一主两翼，尽端疏散”的空间特点，规划充分考虑人的行为与车站的关系，打造人性化通道将交通空间和休闲空间有机缝合，站台和站厅融合设计，内部空间体现车站服务功能和休闲购物功能，整体内部空间营造了人性化的城市交通换乘空间。

车站地下连接了城郊铁路及地铁线，地面采用岛式站台，同层换乘，尽量不采用上下楼的方式换乘，这样可以避免由于某一侧甚至两侧有两条或者多条线在此停站带来的冲突。车站的平面流线分析如图 4–58 所示，竖向分析如图 4–59 所示，实例照片如图 4–60—图 4–62 所示。

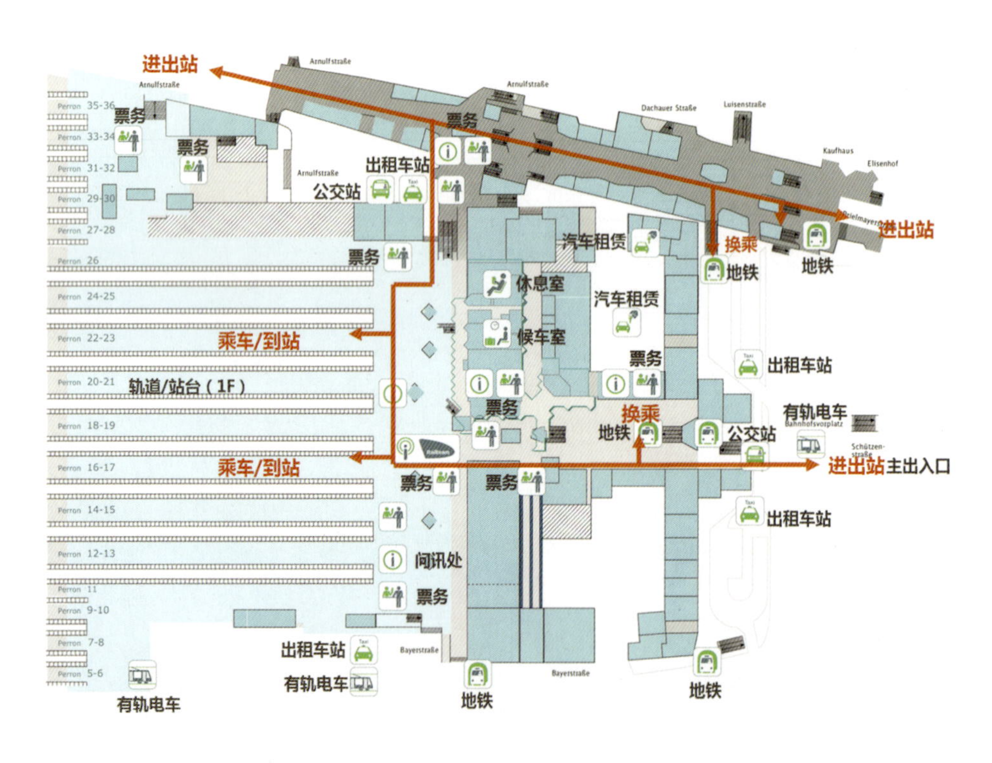

图 4–58　车站地面层平面及流线图

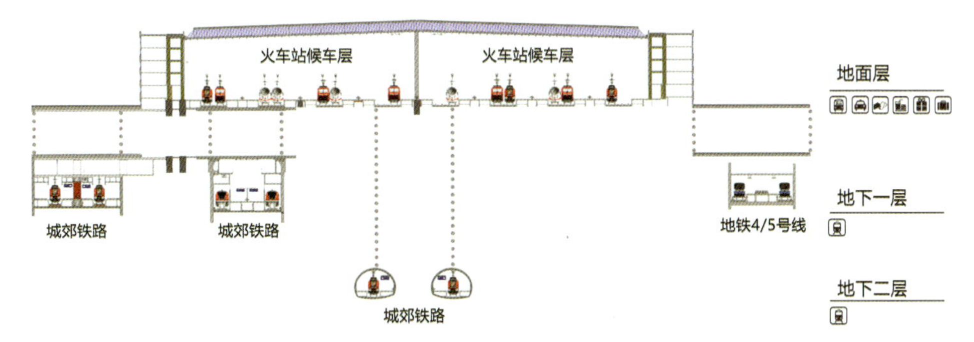

地面层：（1F）铁路轨道层、车站站厅

尽端式车站，有17个岛式站台，地面疏散人流。通往各功能区，内部设置问询、购票、休息及其他配套服务。周边为城市道路，配套设施有出租车站、公共汽车站等

地下一层：（B1F）城际铁路及地铁层

主要为城际铁路站台及轨道，地铁换乘

图 4-59　车站竖向分析图

图 4-60　二层候车电梯

图 4-61　站厅商业空间

图 4-62　站内全景图

镜头采撷

- 站厅内独特的四面大钟（图 4-63）
- 过道上还有个威武的狮王（图 4-64）
- 大厅里行色匆匆的人们（图 4-65）

图 4-63　独特的大钟

图 4-64　车站内的雕塑

GRUNDIG
Bahn fahren.
Punkte
sammeln.
bahn.bonus
Jetzt anmelden: direkt hier
im Reisezentrum oder
unter bahn.de/bahnbonus
23
24

图 4–65　车站大厅

行走

Brussels-South Railway Station

比利时布鲁塞尔南站

行走印象

从布鲁塞尔中央车站走出来，穿越布鲁塞尔老城区，便可看到高架的铁轨及快速行驶的火车，这是从布鲁塞尔南站（Brussels-South Railway Station）开出的列车。通往车站途中经过的一系列隧道，变成了街头艺术家们的聚集地，展示着街头艺术家们的各种作品。布鲁塞尔南站距离布鲁塞尔中央车站约 2 000 米，步行需要半个小时左右。布鲁塞尔南站位于老城的近郊，融合城市开发，车站建筑与周边酒店等商业建筑采用一体化设计，形成以车站为中心的建筑群。布鲁塞尔南站融入城市建设，就像路侧的一栋楼（图 4-66），并且实现车站功能和商业休闲功能融为一体的站房建设在国内并不多见。车站周边道路与轨道完全分离，从外围可以看到轨道伸进建筑内部，地下停车、出租车候车和公交换乘区围绕周边街区设计，在车站附近的广场和地下通道的半灰色空间亦可看到流动的小商贩，这里俨然一个小社会，多文化元素的交融以及叫卖的摊贩融入了当地人的日常生活中，热闹了车站的一角。

图 4-66　布鲁塞尔南站主入口

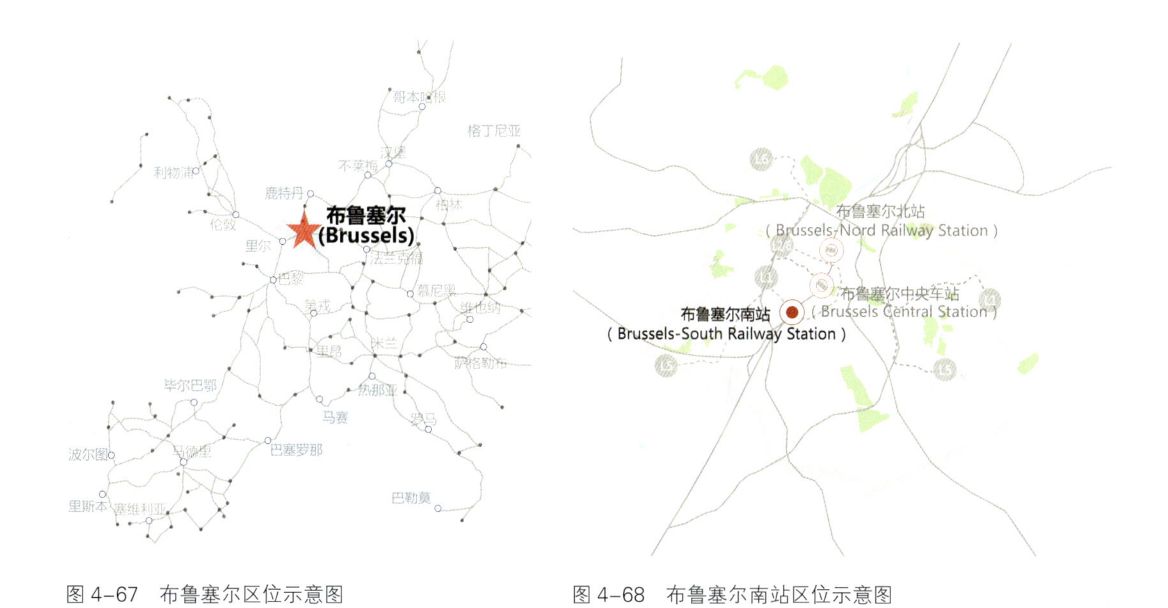

图 4–67　布鲁塞尔区位示意图

图 4–68　布鲁塞尔南站区位示意图

车站简介

布鲁塞尔南站所在城市——布鲁塞尔（Brussels），是比利时首都（图 4–67），位于荷比法铁路干线的心脏地带，拥有全欧洲最精美的建筑和博物馆，摩天大楼和中世纪古建筑相得益彰，被誉为欧洲最美丽的城市。城市面积为 32.61 平方千米，人口约为 17.93 万（2015 年）。

布鲁塞尔南站位于布鲁塞尔南面，是布鲁塞尔的 3 个国际车站之一（图 4–68），1869 年由建筑师 Auguste Payen 重新设计的一个新的纪念性车站。该站为通过式车站，拥有 12 个站台、22 条铁路线，通行的列车包括欧洲之星、大力士高速列车、TGV、ICE 等。每天都有 1 000 班列车通过布鲁塞尔南北两站，布鲁塞尔南站每年客流量约达 1 800 万人次，是布鲁塞尔最大的火车站。

城市观察

布鲁塞尔南站周边整体建设得非常现代化，功能分区也较为明确，车站外围是商业办公区，再外围是传统居住区（图 4–69）。车站南北侧的道路均很狭窄（图 4–70—图 4–71），车站西北侧建设了联邦政府机关办公楼及相应的其他政府机构办公楼，在北侧还建设了一栋高层办公建筑，成为区域的标志性建筑。实例照片如图 4–72—图 4–75 所示。

图 4–69　车站周边功能示意图

图 4-70　车站南侧道路

图 4-71　车站北侧道路

图 4-72　车站周边街区

图 4-73　车站西北侧联邦政府机关办公楼

图 4-74　车站北侧高层标志性办公建筑

图 4-75　车站南侧商业建筑

空间解析

布鲁塞尔南站位于城市中心边缘，是常规通过式的城市大型车站。作为城市对外交通枢纽，布鲁塞尔南站于上世纪 90 年代建设了欧洲之星站台，站房扩大的同时强化与周边商业办公开发的联合，融入城市肌理，实现了区域功能的融合贯通（图 4–76）。车站与城市道路实现完全分离，沿线预留了较多的通道，衔接铁轨两侧用地和交通；同时融入街区，与周边建筑共同形成区域的办公商业空间，无明显的车站大型建筑，车站仿佛是位于街区中的某个建筑，与周边建筑形成高低起伏的现代风貌天际线（图 4–77）。

车站地面层作为开放的大通道，连接南北两侧，内部有明确的餐饮区、购物区以及乘车服务区，并与立体商业空间相接，形成车站内部商业休闲和候车相结合的人性化空间。车站北侧站房与联邦政府机关办公楼之间有一处面积不大的集散广场，形成车站和办公区的一片休闲小长廊，在集散人流的同时，为乘客及办公人员提供林荫休闲空间。

布鲁塞尔南站与整个城市开发的融合较好。沿车站及轨道的带状交通廊道，通过车站综合体进行空间融合，实现两侧城市功能的连通（图 4–78）。结合城市更新改造，布鲁塞尔南站为城市注入新的活力，车站综合体融合城市功能，在空间上实现了一体化设计和立体化开发，在功能上与周边城市功能互补，强化用地功能的复合性和多样性，一定程度上激发了城市活力，提高了片区的竞争力。

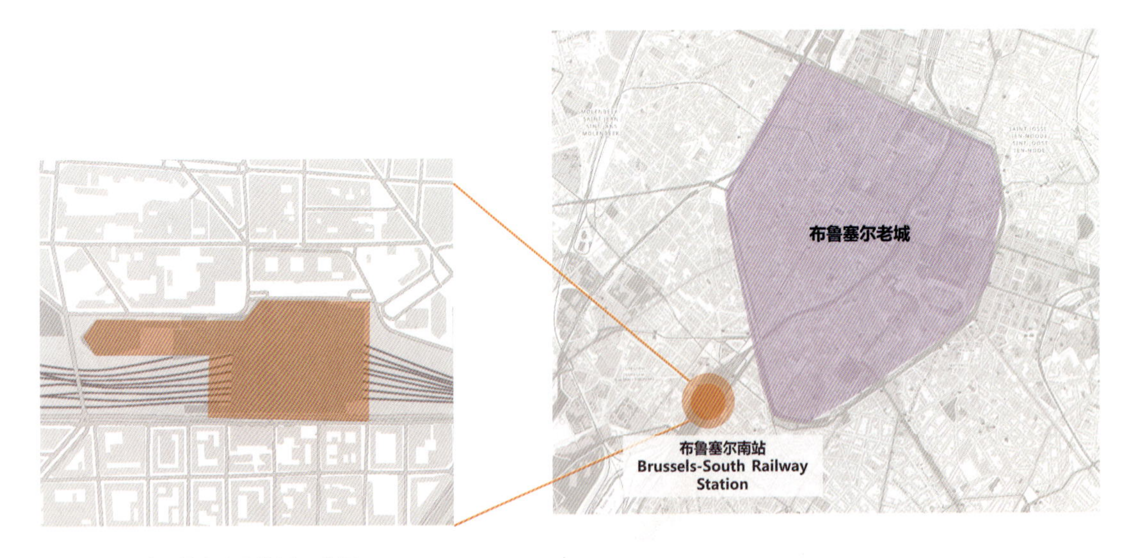

图 4–76　融入城市肌理格局示意图

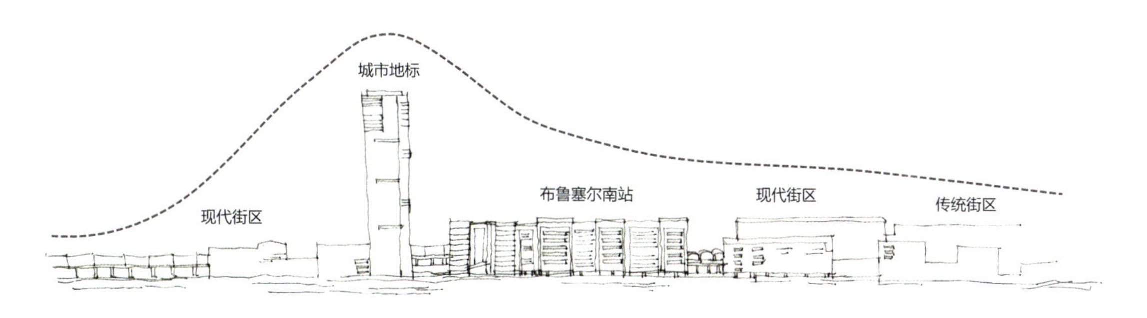

图 4-77　车站及周边的城市天际线示意图

1. 车站综合体
2. 联邦政府机关办公楼
3. 城市地标 South Tower
4. 传统居住街区
5. 现代商业办公区

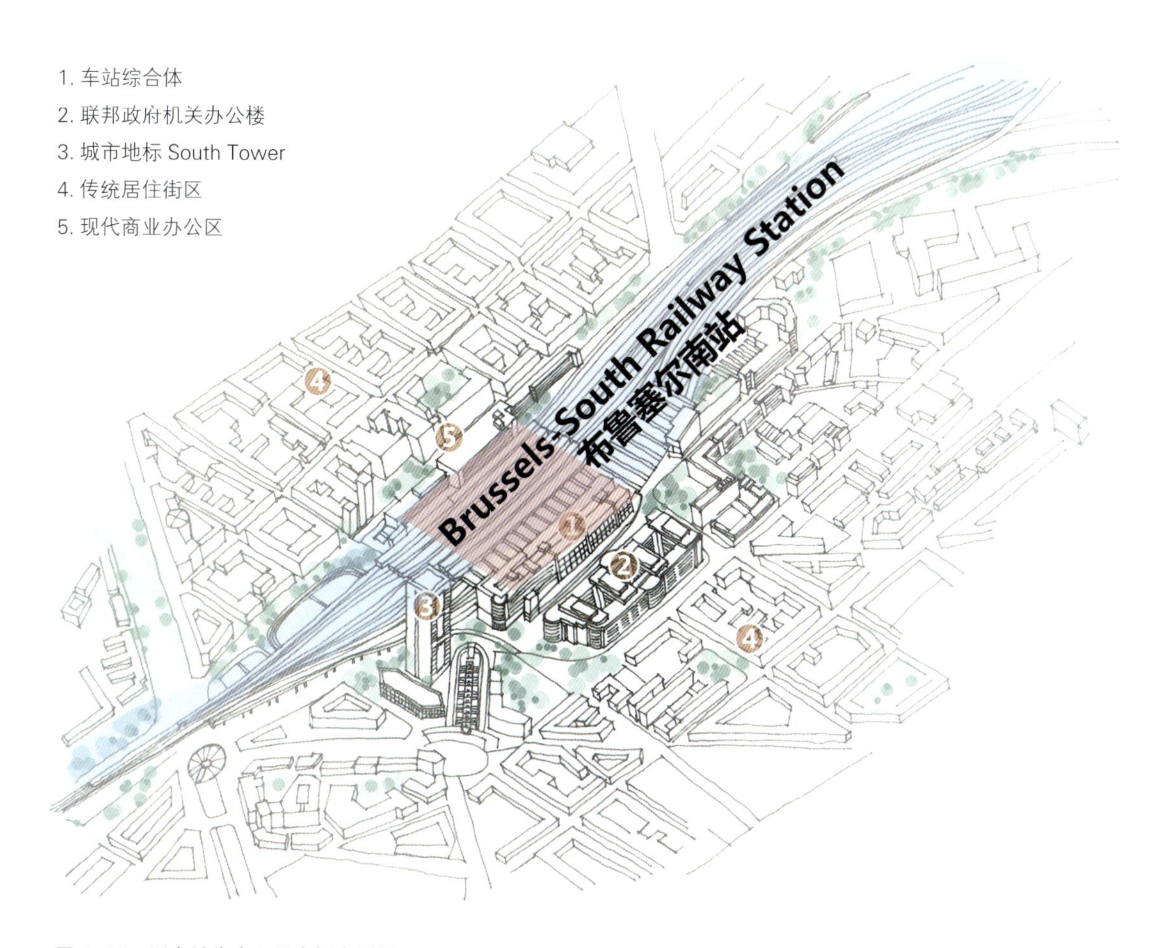

图 4-78　以车站为中心的空间布局图

交通研判

布鲁塞尔南站是布鲁塞尔第一大铁路车站，为满足车站周边大量人流集散和换乘的要求，车站接入了多种类型的交通形式，通过各种交通方式换乘疏散人流和车流，以轨道交通为骨干，城市公交为主体，出租车和私家车为补充。其中通过引入两条容量大且快速高效的城市地铁线（2、6 号线）以及轻轨线（3、4 号线），实现在车站地下层进行换乘，效率高。出站通道直接与周边城市道路相连，车站与相应的公交车站、出租车乘车点、社会停车场相距不远，为市民出行提供了极大的便利。车站周边交通设施分布如图 4-79 所示，实例照片如图 4-80—图 4-83 所示。

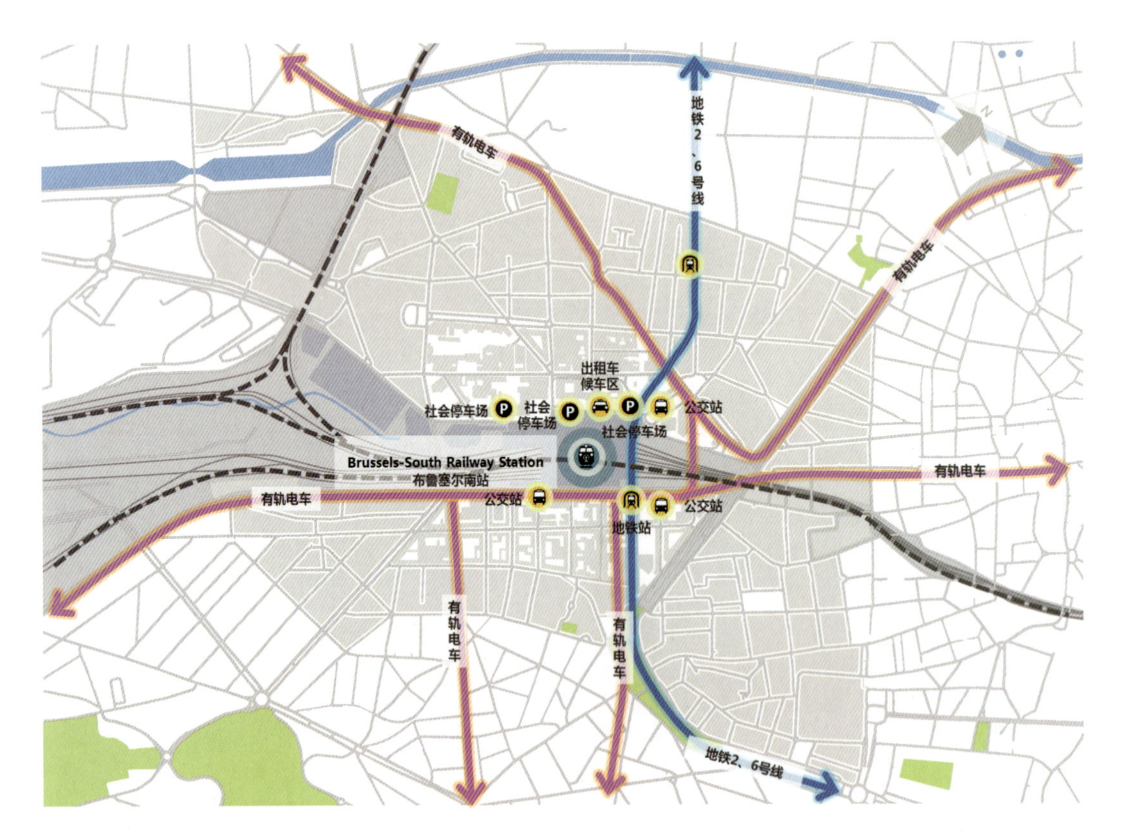

图 4-79　车站周边交通设施分布图

图 4-80　车站西侧出租车和公交车候车区

图 4-81　周边公交枢纽站

图 4-82　智能共享自行车信息牌

图 4-83　自行车租赁区

布鲁塞尔南站位于布鲁塞尔南侧，与布鲁塞尔中央站不同，南站更多地承担比利时出入境列车的客流需求。车站位于区域环状干路网外围（图 4–84），周边区域路网由 6 个星形道路系统组成，共有 16 个道路交通节点。车站为常规通过式车站，但采用二层发车、架空一层的建设方式，方便人流集散，公交车、出租车和有轨电车均可在地面一层进行换乘，同时地下一层可进行地铁乘客集散，实现高效的人车疏散。

布鲁塞尔南站年客运总量达到 2 000 万人次，车站周边共设置有 2 条地铁线、2 条轻轨线、4 条有轨电车线和 4 条常规公交线，其便捷的轨道交通形成了车站强大的客流疏散系统，车站周边的交通流线分析如图 4–85 所示。通过对现状区域路网承载力进行分析，结合相关资料查询，以车站区域交通设施运输能力为判断基数，得到布鲁塞尔南站公共交通客运总量达 800 万 ~1 100 万人次，则公共交通年平均分担率达到 50%，其公交分担率测算如表 4–3 所示。

图 4–84　车站区域路网结构图

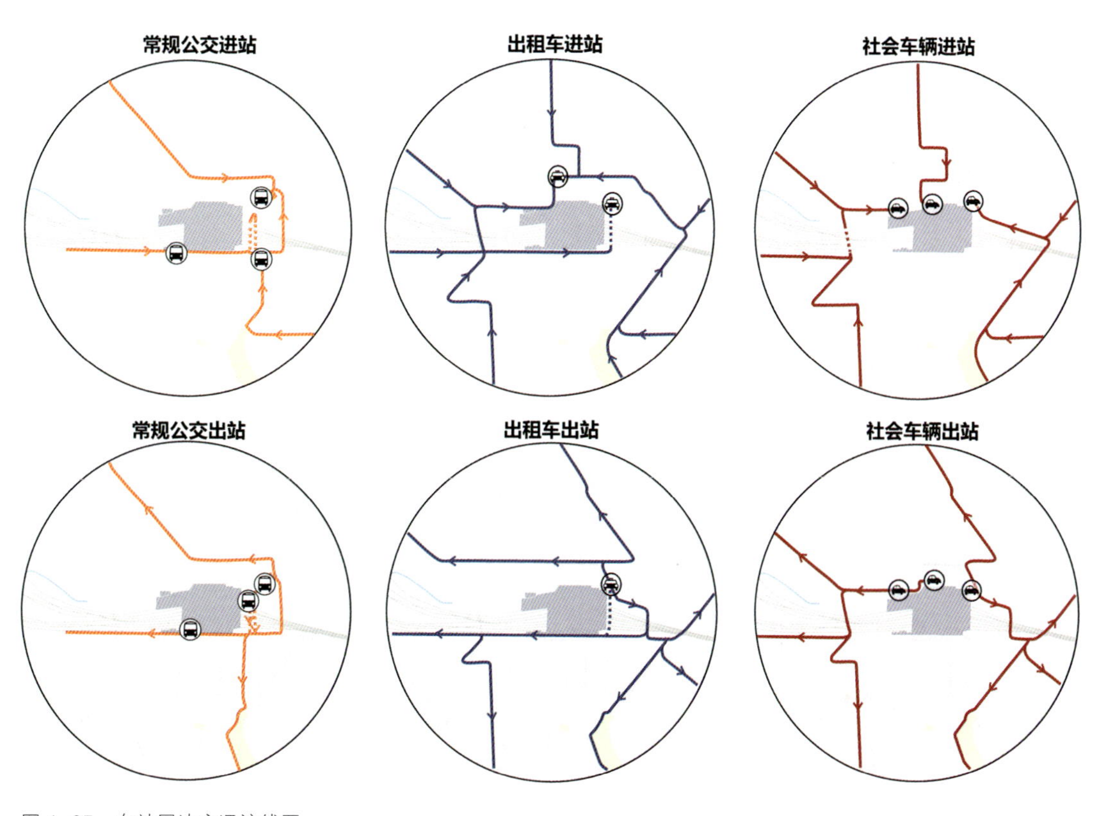

图 4-85　车站周边交通流线图

表 4-3　车站公交分担率测算表

车站股道（条）	周边路网组成	轨道交通	常规公交	年客运量（万人次）	公交年客运量（万人次）	公共交通分担率
22	6 个星形道路系统	地铁线 2 条，轻轨线 2 条，有轨电车线 4 条	4 条	2 000	800 ~ 1 100	40% ~ 55%

内部探访

布鲁塞尔南站采用高架站台层、地面层进出站设计。高架的站台层通过大量的垂直交通与地面层联系，地面层连通城市两侧并实现换乘大厅的功能，车站内部业态丰富，集餐饮、购物、休闲、娱乐等多种功能于一体。车站内设有专门的欧洲之星站台，分区疏导人流。车站的平面流线分析如图 4-86 所示。

地下一层主要用于衔接地铁站、有轨电车站和停车场，实现了与城市交通的无缝衔接。车站的竖向分析如图 4-87 所示，实例照片如图 4-88—图 4-91 所示。

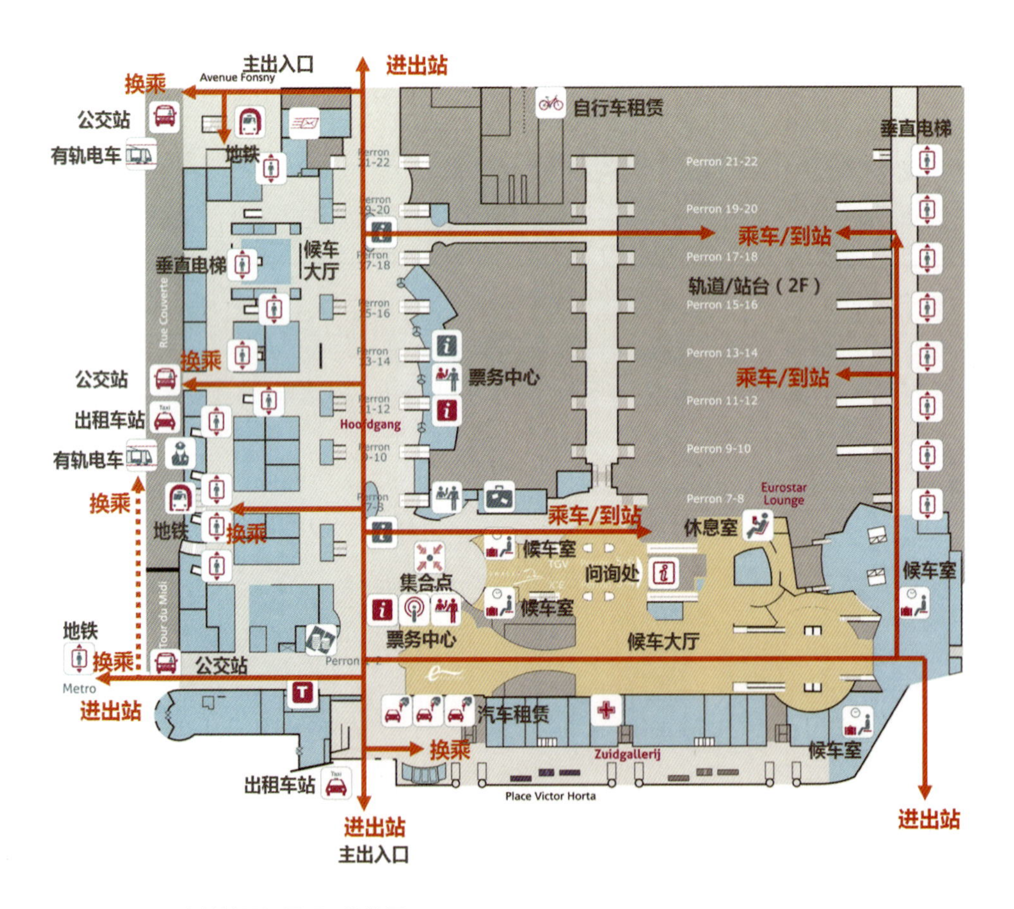

图 4-86　车站地面层平面及流线图

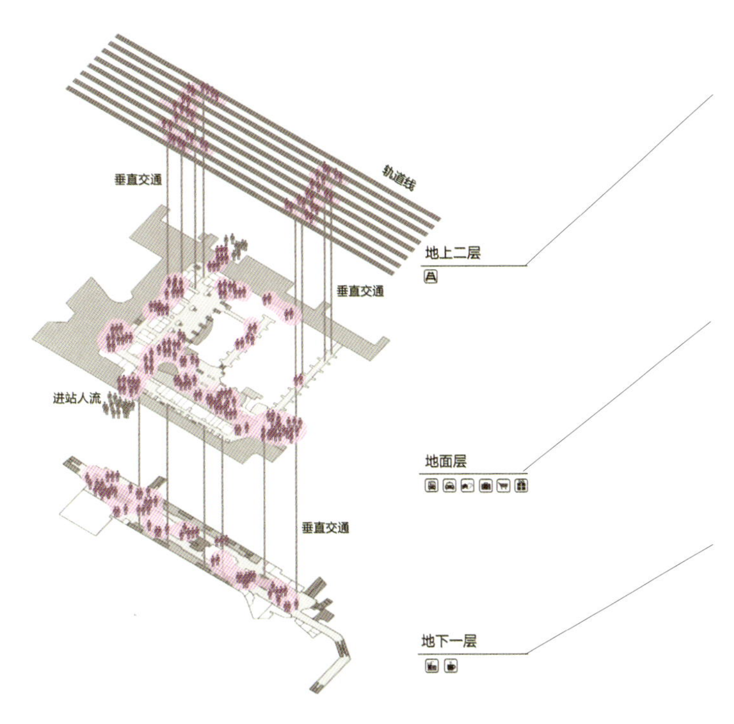

（2F）铁路轨道层

包括铁路轨道和站台，共 22 个站台面，疏散人流，通往各功能区

（1F）转换层

主要人流集散层，旅客进站层，两侧为商业区

（B1F）铁路有轨电车层

主要地铁、有轨电车集散层，地下停车场

图 4-87　车站竖向分析图

图 4-88　高铁站台

图 4-89　地铁换乘出入口

图 4-90　站内商业空间

图 4-91　候车大厅

镜头采撷

- 通道餐厅里有这么一位特殊顾客（图 4-92）
- 认识这些自动厕所的标志吗（图 4-93）
- 很独特的公交车站雨棚（图 4-94）

图 4-92　车站通道餐厅

图 4-93　车站内厕所的标志

图 4–94　公交车站上的雨棚

第五章　空间缝合篇

很多车站依托铁路干线面向城市一侧进行建设，车站正面形成繁华的站前商业区，车站背后一般布置生活区，铁路两侧的联系薄弱，人气差异很大。随着城市的发展，原来建于城市边缘的车站变成城市中心区，贯穿的铁路成了两侧城区的阻隔。如何利用车站来缝合被割裂的空间?本章中的三个车站独具匠心地解答了这个命题。

Lisboa Orient Station

葡萄牙里斯本东方车站

行走印象

2010 年春天与里斯本东方车站的不期而遇，缘于建筑考察团计划内的艺术馆闭馆而临时改变行程。行车中远远望去有一座横跨道路的桥梁，上面却伫立着一组优美的构筑物（图 5–1），近看才发现那就是里斯本东方车站（Lisboa Orient Station）。车站为迎接 1998 年里斯本世界博览会开幕而建，是葡萄牙的主要交通枢纽之一。车站建在高架桥上，城市道路下穿而过。车站一侧通过连廊连接地面各类公共交通，地下连接城市轻轨线，形成便捷的交通换乘体系；另一侧也有连廊，连接的却是商场，服务于博览会的大型公共设施。建在站台上的车站主体线条优美，犹如金属构筑的森林，置身于车站内部仿佛进入巨大的树屋，清晰的交通标志指引不仅能满足旅客的交通需求，也给人们带来了不一样的空间感受。

图 5–1　里斯本东方车站上方构架

图 5–2 里斯本区位示意图

图 5–3 里斯本东方车站区位示意图

车站简介

里斯本东方车站所在城市—— 里斯本 (Lisboa) ，位于葡萄牙西部 (图 5–2) ，是葡萄牙共和国的首都，葡萄牙的政治、经济、文化、教育中心，亦是欧洲著名的旅游城市。市区面积为 100.05 平方千米，人口为 154.83 万 (2017 年) 。

里斯本东方车站是葡萄牙全市的 5 个火车站之一 (图 5–3) ，位于里斯本市东北部，也是距离里斯本国际机场最近的火车站，列车主要发往近郊辛特拉、北部波尔图、南部法鲁、西班牙马德里和法国巴黎。车站于 1998 年建成，由西班牙建筑大师 Santiago Calatrava 设计。里斯本车站为通过式车站，拥有 8 条铁路线，占地面积约为 25 万平方米，车站客流量每年约为 7 500 万人次。

城市观察

里斯本东方车站邻近城市岸线，临水而建的建筑就是著名的里斯本世界博览会大西洋馆，紧邻车站东侧的是购物中心和高层酒店，建筑风格与车站浑然一体。该区域围绕站前公共开敞空间集聚了高端商业、商务办公、休闲娱乐、会展等多种功能，是里斯本高品质的城市空间。车站西侧为商业、居住、办公混合区。车站周边功能如图 5–4 所示，实例照片如图 5–5—图 5–10。

图 5–4　车站周边功能示意图

图 5-5　达·伽马购物中心出入口

图 5-6　购物中心及酒店

图 5-7　世博会广场的一侧

图 5-8　世博会广场

图 5-9　连接车站和商业区的人行天桥

图 5-10　大西洋馆

空间解析

在里斯本东方车站建设之前，该区域沿岸线布置了港口仓储和工业。铁路沿南北穿越，割裂了城市的居住区和工业区（图 5-11）。正是车站与世博会展馆的同步建设，将东西两侧的用地有效地缝合起来（图 5-12），促进老工业区的华丽转型，盘活废弃工业用地，带动重建地区的开发。车站及周边区域成为里斯本著名的公共活动中心，形成区域错落起伏的城市天际线（图 5-13）。

车站下方两条东西贯通的道路把铁路两侧的城市路网紧密联系起来，车站西侧建有地铁和各类公交大巴的换乘中心。车站不仅和穿梭各城市间的高速火车衔接在一起，更将普通客车站、公共汽车站、地下停车场以及城市轻轨线等有效整合，已成为里斯本重要的交通枢纽，为延伸世博会配套服务及后续转型，为片区的更新发展带来活力。车站周边空间布局如图 5-14 所示，车站串联东西区域的作用分析如图 5-15、图 5-16 所示。

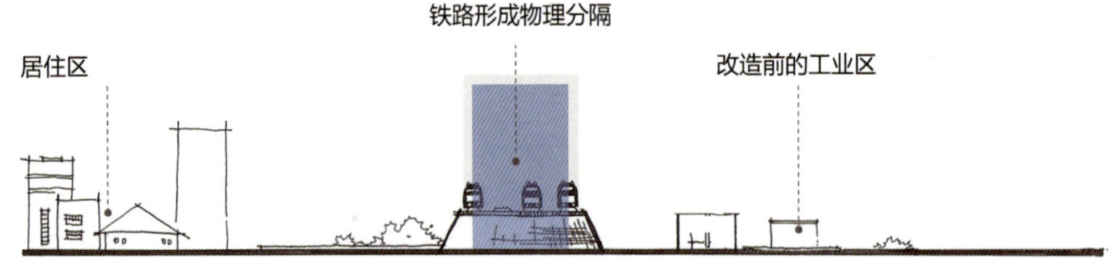

图 5-11　未建车站前的铁路隔离示意图

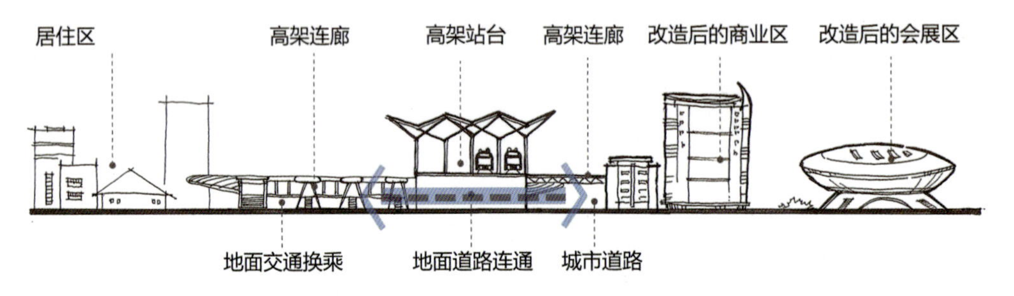

图 5-12　车站建成后的铁路隔离缝合示意图

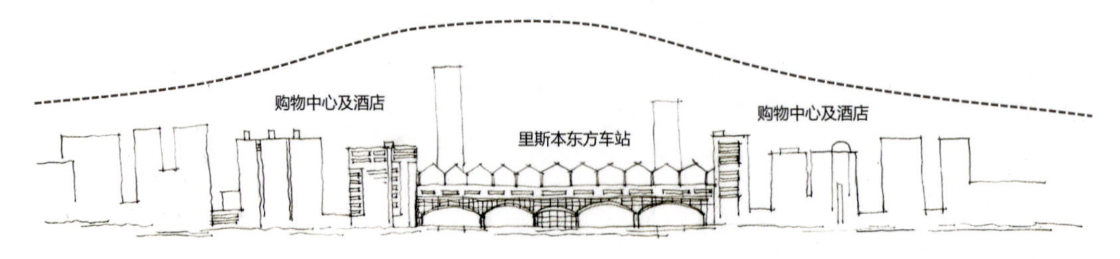

图 5-13　车站及周边的城市天际线示意图

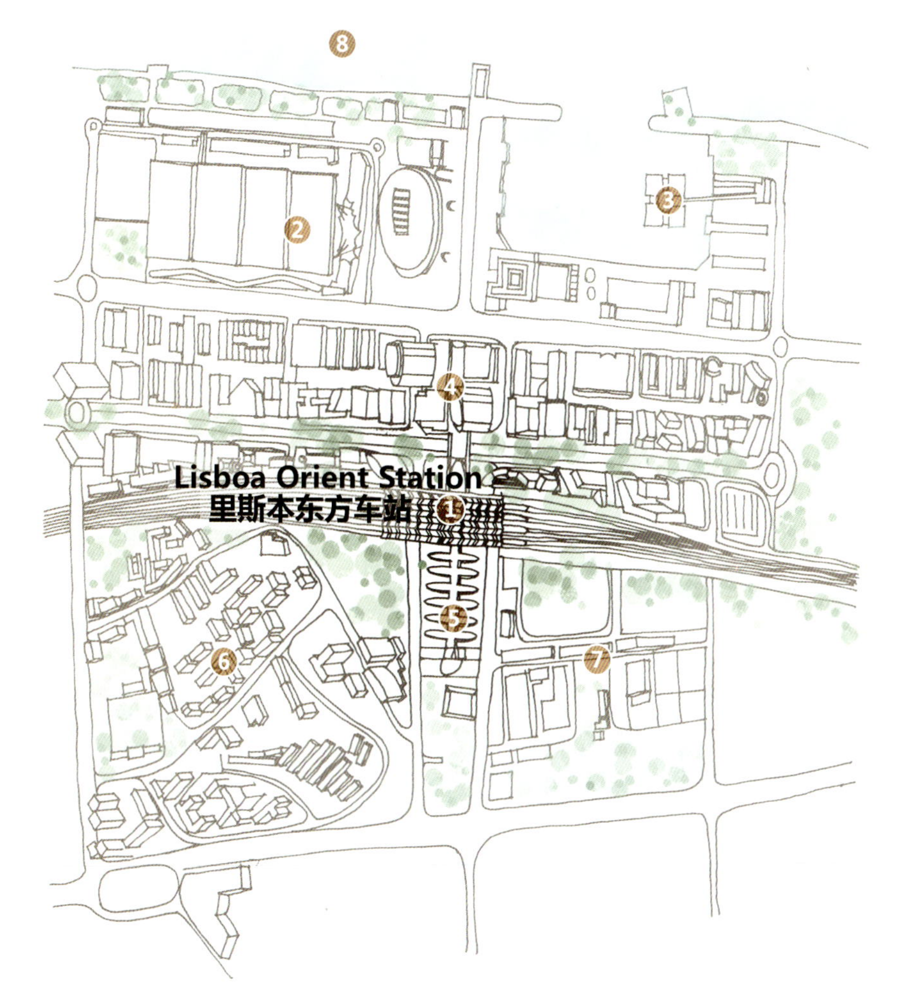

1. 车站站房及轨道
2. 世博会展馆
3. 海洋水族馆
4. 购物中心
5. 巴士枢纽中心
6. 商业居住街区
7. 仓储物流区
8. 塔吉斯河

图 5-14　以车站为中心的空间布局图

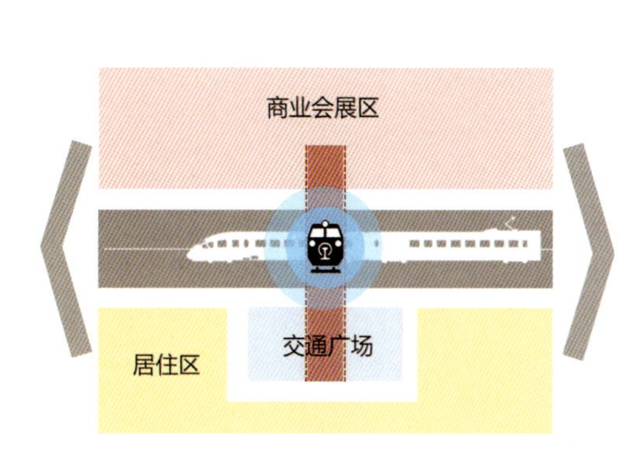

图 5-15　串联站前广场，缝合两侧用地示意图

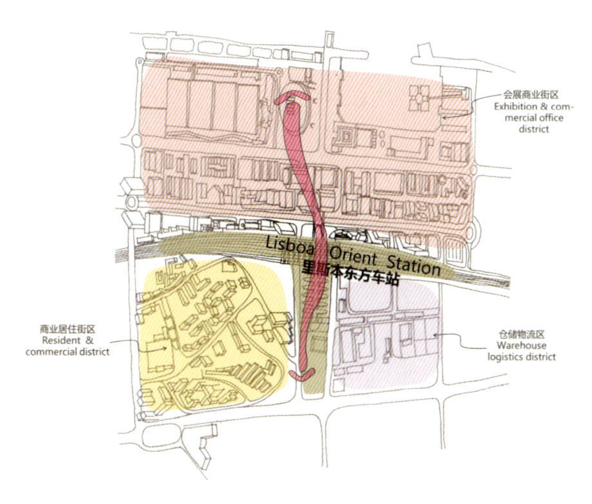

图 5-16　车站区域空间连通示意图

交通研判

里斯本东方车站建设之初，城市路网被铁路分割，使城市的东西向交通联系受阻。车站的建设打破原有铁路的阻隔，采用架空方式，组织车站的立体空间和铁路桥下的路网布局，使原有垂直于铁路的城市道路得以延伸到铁路以东，加强了铁路东西两侧的联系，使东西街区实现缝合。同时，将地铁引入车站，与公交车、出租车和社会车辆形成良好衔接，构成区域综合交通枢纽。车站周边交通设施分布如图 5-17 所示，实例照片如图 5-18—图 5-23 所示。

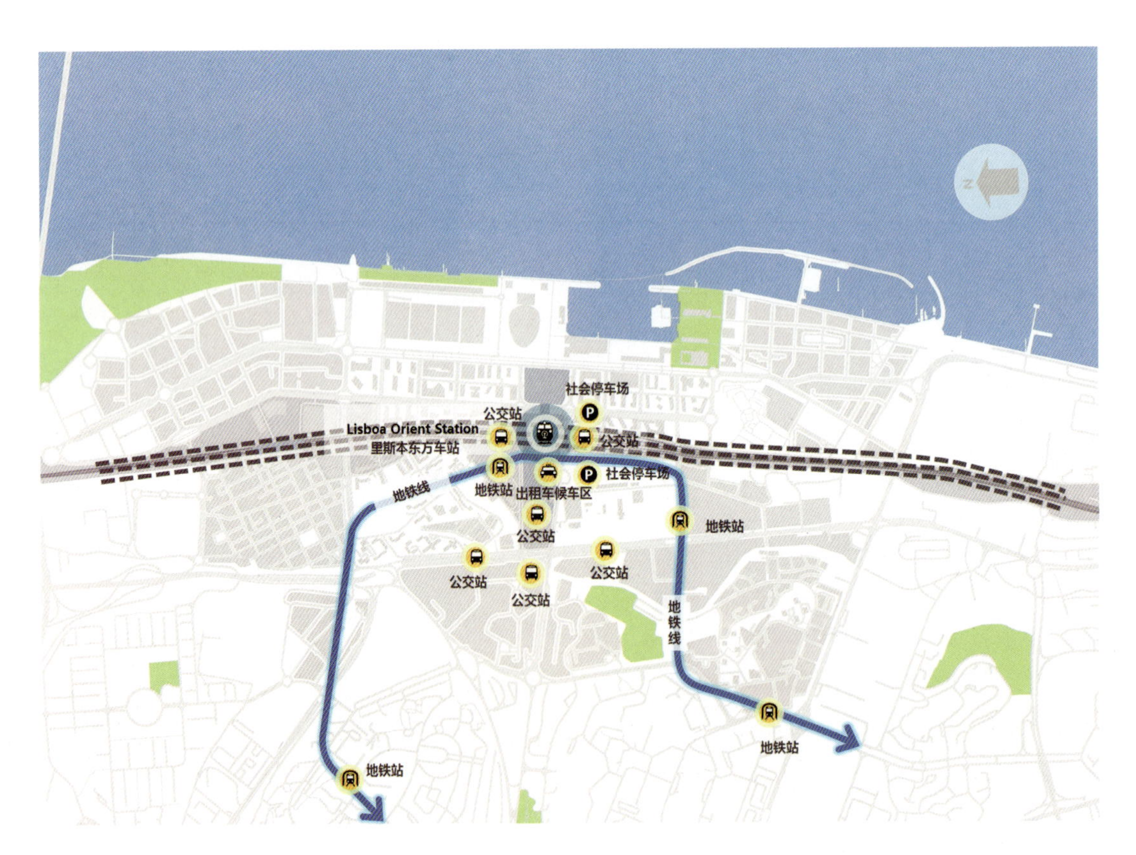

图 5-17　车站周边交通设施分布图

图 5-18　周边行人过街设施

图 5-19　高架铁轨下的城市道路

图 5-20　外围公交接驳站点

图 5-21　站前道路

图 5-22　站前道路及临时停车区域

图 5-23　各类交通指示标识

里斯本东方车站通过周边道路与大区域内的“环状＋放射状”快速路衔接（图 5–24），通过增加与铁路垂直的地下连通道有效缝合东西街区，并通过长 152 米的高架人行通道形成车站和购物中心的无缝衔接。同时，在车站西侧建立常规公交枢纽，在车站地下设置地铁站及停车场，促进多种交通方式实现垂直换乘。

里斯本东方车站的年客运总量达到 7 500 万人次，车站设置有 1 条地铁线和 24 条常规公交线，车站周边的交通流线如图 5–25 所示。通过对现状区域路网承载力分析，结合相关资料查询，以车站区域交通设施运输能力为判断基数，得到里斯本东方车站公共交通年客运总量达 3 000 万 ~ 3 600 万人次，则公共交通年平均分担率达到 44%，其公交分担率测算如表 5–1 所示。

图 5–24　车站区域路网结构图

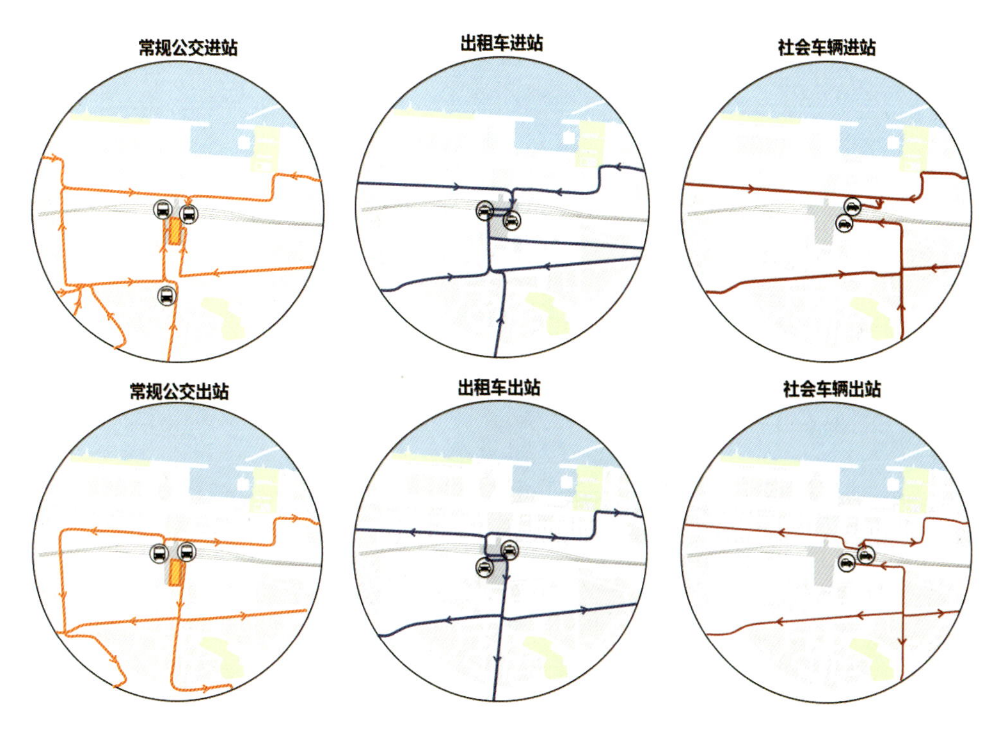

图 5-25　车站周交通流线图

表 5-1　车站公交分担率测算表

车站股道（条）	周边路网组成	轨道交通	常规公交	年客运量（万人次）	公交年客运量（万人次）	公共交通分担率
8	七横三纵	地铁线 1 条	24 条	7 500	3 000 ~ 3 600	40% ~ 48%

内部探访

车站站台层在距地面 11 米的高架层，用巨大的拱梁支撑，站房布置在贯穿城市道路之间的拱梁下，分为地面两层和地下一层，地面层（含夹层）为集散大厅和站厅层，地上二层为站台层，地下一层为停车场和地铁站。车站内交通组织标志清晰，流线设计极具人性化；站台、连廊、过道等大空间的构筑基本是开敞通透的，自然通风采光，虽然不比封闭的人造空间舒适，但真实的空间使远道而来的人们下车即可感受到扑面而来的城市气息。车站剖面及竖向分析如图 5-26 所示，平面流线分析如图 5-27 所示。

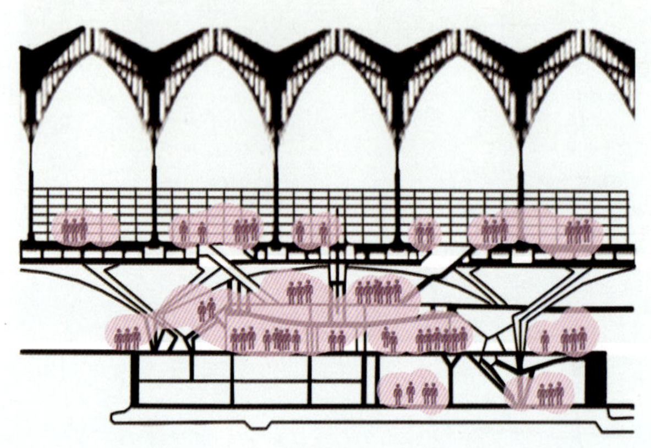

屋顶：金属结构

金属结构，高 25 米，扇形顶棚，玻璃顶板

地上二层（2F）站台层

轨道站台层

地面层（1F）转换层（有夹层）

主要集散大厅和站厅层，旅客进站层，连接各功能区，内部有商业区及其他配套服务设施，夹层有天桥通往购物中心

地下一层（B1F）

地铁站、地铁轨道层、地下停车场

图 5-26　车站剖面及竖向分析图

车站建筑设计模拟森林的骨架结构，极具张力，对结构和建筑美学之间的互动有准确的表现，融入极富抽象主义及浪漫主义的元素，完美表现了大自然动态结构的美妙形态，建成“水泥路桥上的一小片森林”。车站不仅赢得了 Brunel Madrid 大奖，更是成为城市地标，成为里斯本旅游新热点之一。车站的实例照片如图 5-28—图 5-31 所示。

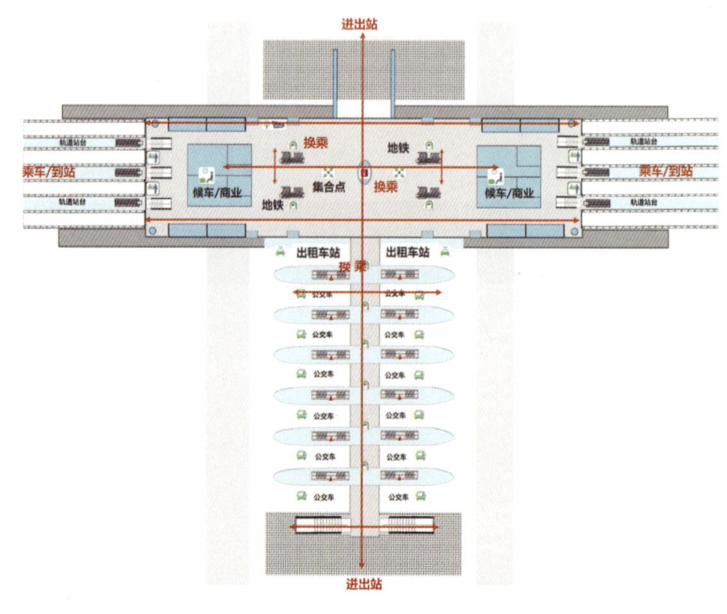

图 5-27　车站地面层平面及流线图

图 5-28　高架站台

图 5-29　公交站台

图 5-30　站内商业区

图 5-31　站内立体连廊

镜头采撷

- 站前广场上的现代雕塑（图 5-32）
- 天桥与车站相连的商业建筑（图 5-33）
- 高架车站下的道路交叉口（图 5-34）

图 5-32　站前广场上的雕塑

图 5-33　车站外的建筑

图 5-34　高架车站下的城市道路

GARE DE LYON PART DIEU

Gare de Lyon Part-Dieu

法国里昂帕迪欧车站

行走印象

铁路穿城而过，往往造成城市两边的阻隔，尽管站台大多采取高架形式，但铁路两边的发展差异依然存在。然而里昂帕迪欧车站（Gare de Lyon Part-Dieu）似乎不受影响，不知道是先有车站还是先有商业街，里昂帕迪欧车站两端的站前街道都有大型商场，而且人来人往，十分兴旺。车站规模不是很大，采取的形式很简单：两排现代风格、样式各异的站房（图 5-35），中间一条连廊，构成工字形的平面布置，高架铁路站台自然在二层，地面连廊不仅承担了进出站的上下连通，还联系车站两端的商业街，通过交通和业态把铁路阻隔的城市空间缝合起来，进出的人流不仅是火车乘客还可能是逛商场的顾客，俨然成了一个缝合车站周边的商业街区。对于规模适中的车站而言，里昂帕迪欧车站高效利用空间的设计提供了很好的案例。

图 5-35　里昂帕迪欧车站入口

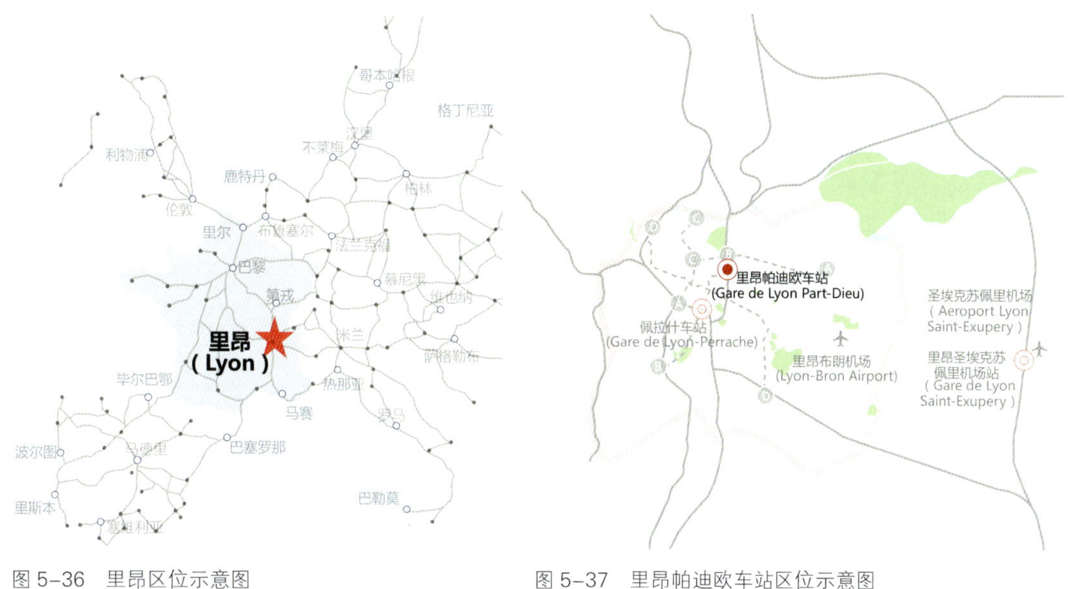

图 5–36　里昂区位示意图

图 5–37　里昂帕迪欧车站区位示意图

车站简介

里昂帕迪欧车站所在城市——里昂（Lyon），位于法国东南部（图 5–36），距离巴黎东南大约 465 千米，是法国仅次于巴黎的第二大都市区和经济文化中心。里昂市区位于罗讷河和索恩河交汇处，主城区以河流为界分为三大部分：西侧为富维耶山，老城区位于两河之间的半岛上，新城区集中在东部。城市面积为 47.87 平方千米，人口约为 51.33 万人（2015 年）。

里昂帕迪欧车站是里昂三大火车站之一（图 5–37），位于东部新城区，也是法国通达度最高的火车站，列车可直达法国本土除科西嘉以外的 12 个大区。车站最初建于 1859 年，1983 年随着法国高速铁路东南线（LGV Sud–Est）的建成通车，帕迪欧车站为通过式车站，拥有 11 个站台、11 条铁路线，车站客流量每年约为 3 200 万人次。

城市观察

穿越里昂帕迪欧车站的轨道呈南北走向，车站东西两侧均有出入口，其中西侧出口设置有站前广场，围绕广场的大多是为车站服务的商业建筑。车站对面的大型建筑则不然，其中不乏国际品牌的超大商场，几个街区连片的商业区。车站东侧出口只有小型的公共停车场，但周边的建筑也是大型商业综合体，与周边大型商务办公建筑群形成区域商业办公区，再外围为城市传统居住区。车站周边功能如图 5-38 所示，实例照片如图 5-39—图 5-44 所示。

图 5-38　车站周边功能示意图

图 5-39 商务办公大楼

图 5-40 西站前广场

图 5-41 车站周边商业区

图 5-42 标志性商业建筑

图 5-43 车站周边街区

图 5-44 东广场商业建筑

空间解析

纵观里昂帕迪欧车站周边的空间形态（图 5-45），发现其属于典型的以站点为中心，形成从高强度高密度到低强度低密度、从商业办公到住宅区的“圈层式”结构（图 5-46）。区域空间连通如图 5-47 所示。值得学习的是，站点的圈层现象并不受铁路分隔的影响，这除了得益于车站两端有下穿铁路的城市道路把铁路两侧城区紧密联系外，贯通车站的通道也起到了非常关键的作用。通道无阻隔便于行人通行，并且通道营造的商业氛围把铁路两侧的商业业态串联起来，两侧的建筑群形成互相烘托的商业中心。车站的剖面如图 5-48 所示。多层的商业建筑与车站围合的商务建筑构成了舒适的天际线，如图 5-49 所示。用缝合的说法：车站不仅缝合了铁路带来的物理空间分隔，也把商业氛围缝合起来。

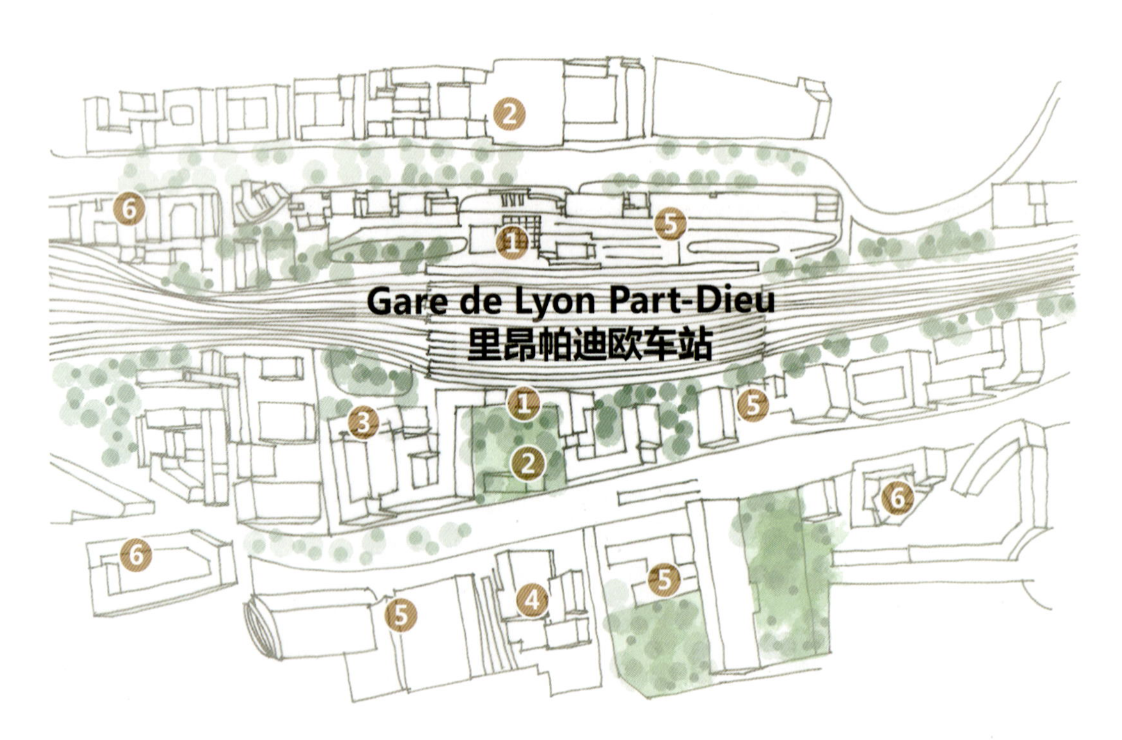

1. 车站站房　2. 站前广场　3. 行政办公街区　4. 图书馆　5. 现代商业街区　6. 传统商住街区

图 5-45　以车站为中心的空间布局图

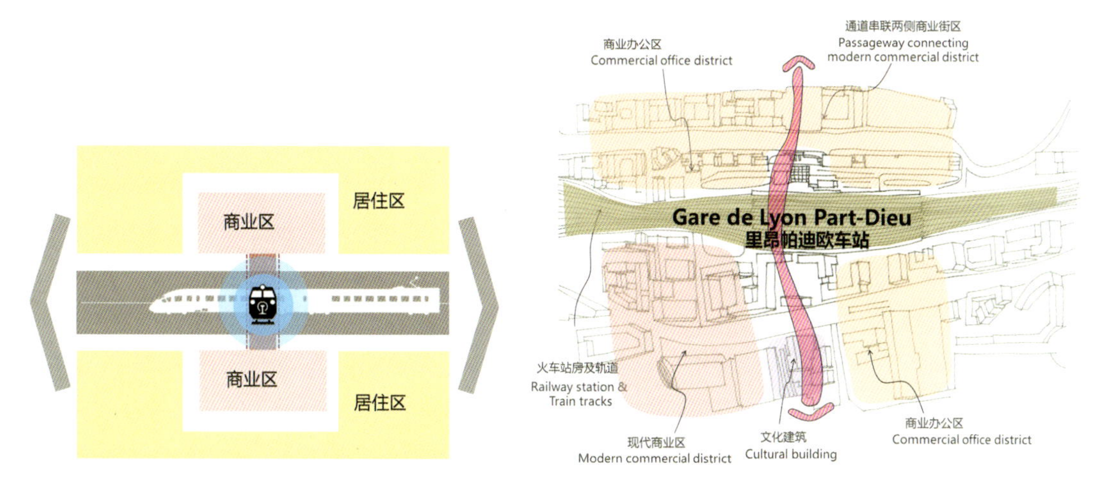

图 5-46　以车站为中心的圈层布局

图 5-47　车站区域空间连通示意图

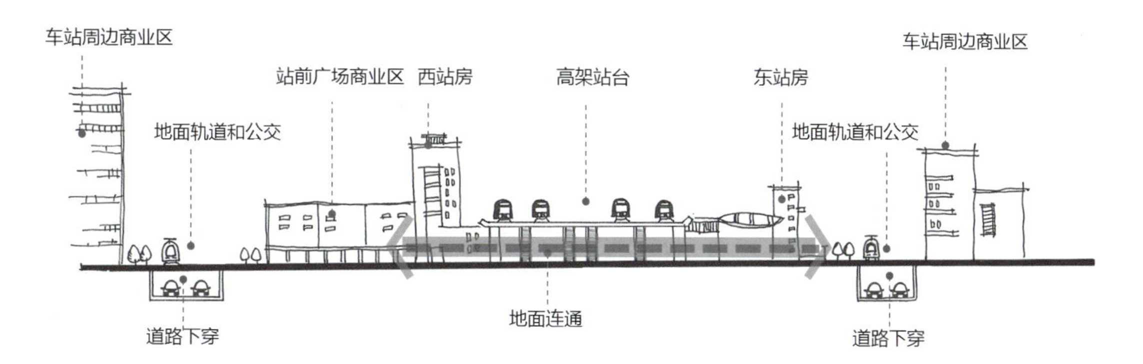

图 5-48　车站剖面示意图

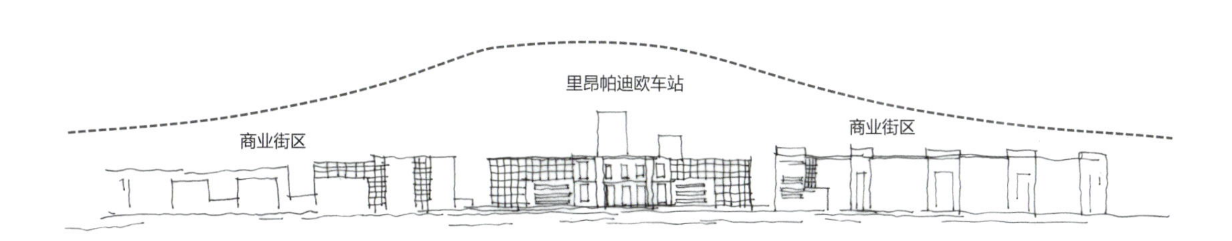

图 5-49　车站及周边城市天际线示意图

交通研判

里昂帕迪欧车站是通过式车站的典范，与目前国内许多高铁站一样形成了东西两个进出站广场，但与国内高铁站的最大不同是，帕迪欧车站的东西广场通过同层通道形成贯通，不仅提高了乘客上车的可纠错性，也强化了进出站人流的集散能力。东西出入口各自形成与周边街区相融合的人行空间，周边路网采取下穿车站或广场的方式缝合铁路带来的两侧用地分割，使得人流和车流在不同的标高层达到较好的分离与疏散，且互不干扰，实现与周边的公交、出租车和地铁的快速且便捷换乘。

东西两侧广场设有出入口，以站点为主体，各种交通设施有序布局在站点周边，构成区域、城市多模式交通体系。地铁 B 线、有轨电车 1、3、4 和机场线以及多条市区公交线分布于东西广场周边，与车站形成便捷的联系。车站周边交通设施分布如图 5-50 所示，实例照片如图 5-51—图 5-57 所示。

图 5-50　车站周边交通设施分布图

图 5-51　公交站

图 5-52　自行车租赁区

图 5-53　西广场上的地铁出站口

图 5-54　东广场上的长途汽车站

图 5-55　西广场上的巴士候车亭

图 5-56　西广场前的下穿道路

图 5-57　东广场前的有轨电车

里昂帕迪欧车站通过放射状城市道路与区域环状干路网连通（图 5-58），在东西广场周边共设置有 1 条地铁线、4 条有轨电车线和 13 条常规公交线，且东西广场可通过地铁线连通，车站周边的交通流线如图 5-59 所示。车站的年客运总量达到 3 200 万人次，通过对现状区域路网承载力进行分析，结合相关资料查询，以车站区域交通设施运输能力为判断基数，得到里昂帕迪欧车站公共交通年客运总量达 1 500 万 ~ 1 900 万人次，则公共交通年平均分担率达到 53%，其公交分担率测算如表 5-2 所示。

图 5-58　车站区域路网结构图

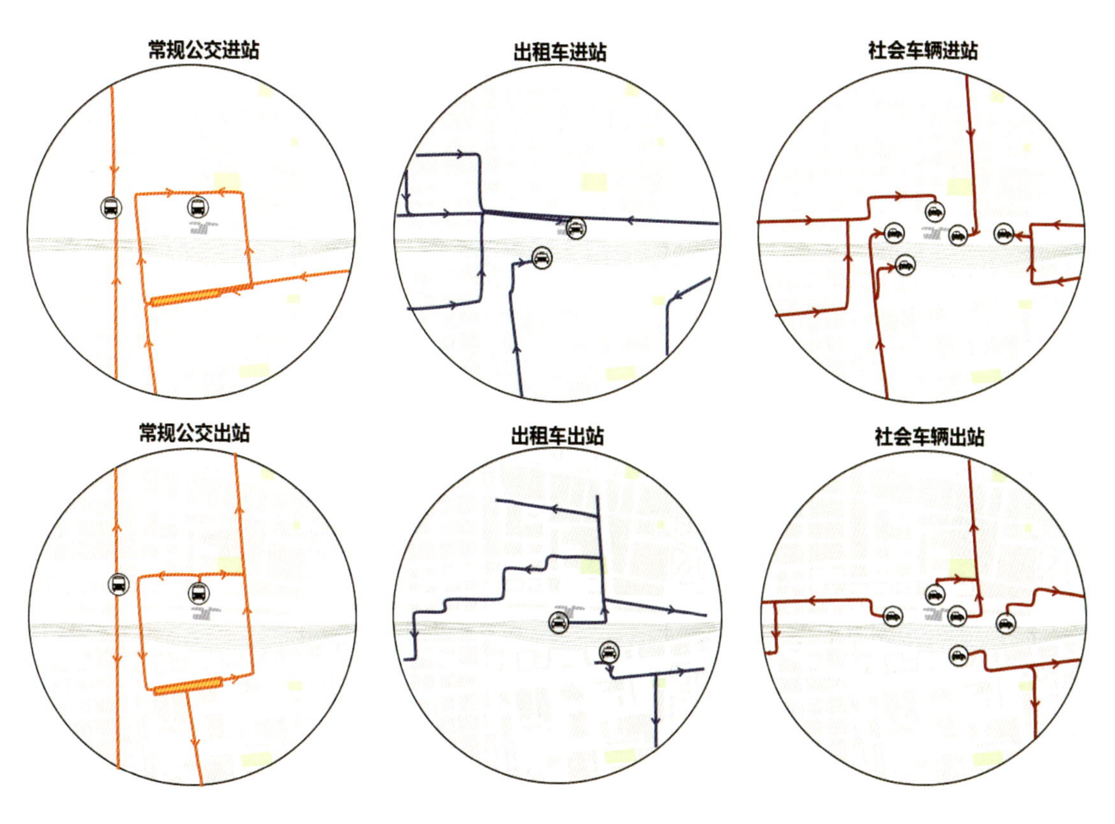

图 5-59　车站周边交通流线图

表 5-2　车站公交分担率测算表

车站股道（条）	周边路网组成	轨道交通	常规公交	年客运量（万人次）	公交年客运量（万人次）	公共交通分担率
11	八横三纵	地铁线 1 条，有轨电车线 4 条	13 条	3 200	1 500 ～ 1 900	47% ～ 60%

内部探访

里昂帕迪欧车站是一个高架车站，平面大致为工字形，平面流线分析如图 5-60 所示。铁路两侧都有多层主体建筑，两栋主楼中间为上下两层站房：上层为轨道站台层，下层为商业层，设有售票大厅、自动售票机和候车室，地面站房通过公共过道连接车站外部的东西广场，公共过道通过多个自动扶梯连接到二层站台，其间候车设施与商业空间融合交错。广场设有地铁口，且有地下通道与周边商业大楼连接在一起，竖向分析如图 5-61 所示，实例照片如图 5-62—图 5-68 所示。

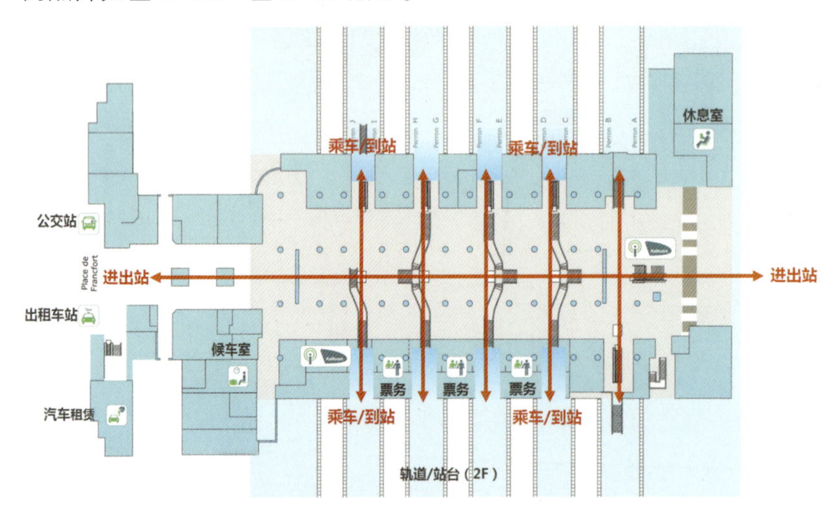

图 5-60　车站地面层平面及流线图

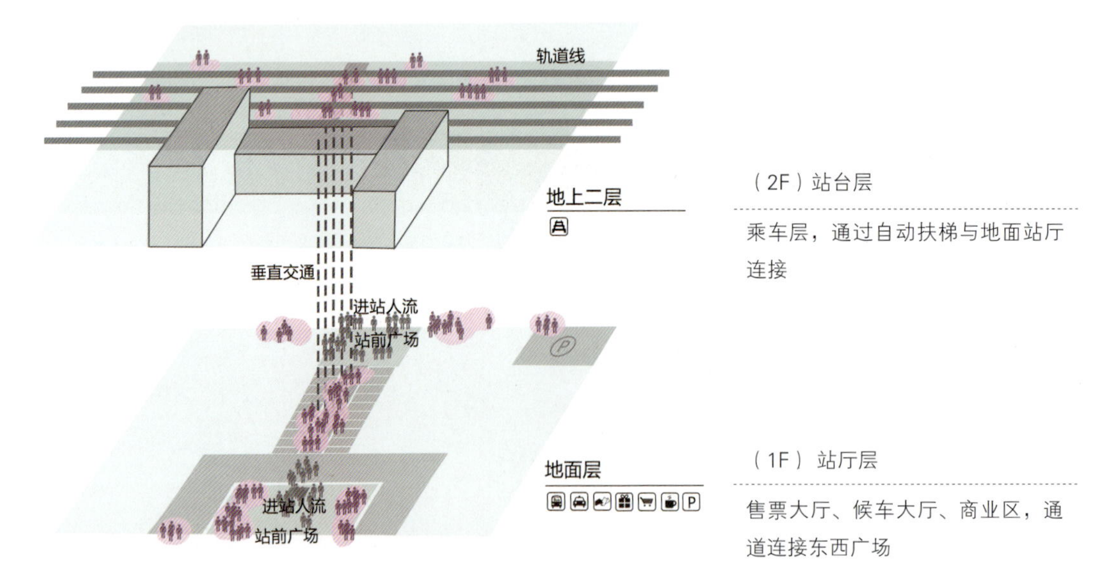

图 5-61　车站竖向分析图

图 5-62　站台层及连接坡道

图 5-63　站厅层及商业空间

图 5-64　站厅与站台的联系扶梯

图 5-65　站台层及候车人流

图 5-66　站厅与站台的联系楼梯

图 5-67　连通东西广场的站内通道

图 5-68　站厅层

镜头采撷

- 车站上方雕塑般的大钟（图 5-69）
- 车站的玻璃幕墙映射着的光影（图 5-70）
- 站台上的列车（图 5-71）

图 5-69　车站的标志性大钟

图 5-70　车站外立面的光影

图 5-71　列车驶入站台

Brugge Railway Station

比利时布鲁日车站

行走印象

布鲁日是比利时著名的旅游小镇，布鲁日车站（Brugge Railway Station）给人的印象是一个传统的旅游地车站：简单的米黄色站房（图 5-72），站前广场边设计独特的公交候车亭给车站赋予了旅游小镇的品位；一侧配置有两层停车楼和办公楼；站内有不大的候车厅，通过走廊可以到二层的车站站台。看看候车时间还有些许，我们信步走到长廊的尽头，赫然发现，后面的一排站房比前面的站房规模更大，红色的现代建筑显然不仅仅是站房，还是办公建筑群。站前没有广场，而是各种有组织的车道，估计后面的站房是近年扩建的结果。平庸的布鲁日车站给予了我们不平庸的启迪：那些小城市的单边车站，预留有通道的位置，当城市发展越过铁路时，单边车站可以改造成为双边车站，无疑可以形成提高车站交通承载能力和缝合城市的双赢局面。

图 5-72　布鲁日车站

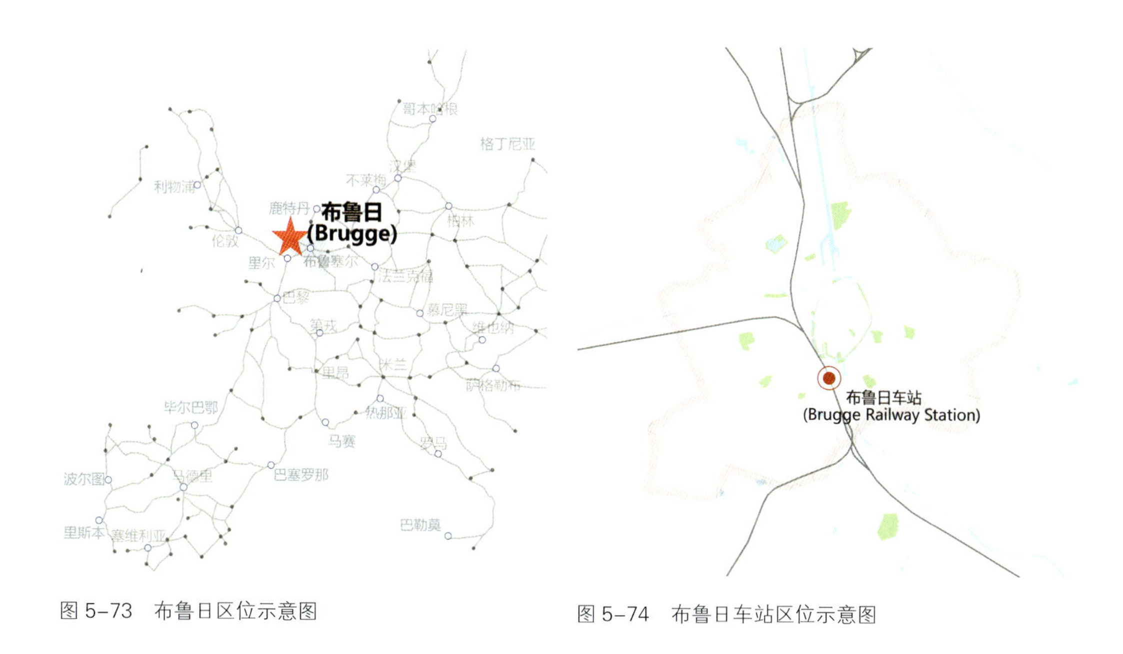

图 5-73　布鲁日区位示意图

图 5-74　布鲁日车站区位示意图

车站简介

布鲁日车站所在城市——布鲁日（Brugee），是西佛兰德省省会（图 5-73），比利时著名的旅游胜地，素有“北方威尼斯”的美称，市内河渠如网，风光旖旎，古式房屋鳞次栉比，城市仍保留有浑厚的中世纪风貌。布鲁日在佛兰德语中有“桥”的意思，因流经市内的莱伊河上的一座古罗马桥梁而得名。城市面积为 138.40 平方千米，人口约为 11.83 万人（2018 年）。

布鲁日车站位于布鲁日古城南面（图 5-74），城际列车和地区列车均在此处停靠。车站始建于 1838 年，2009 年 5 月完成改扩建。布鲁日车站为通过式车站，建有 5 个站台、10 条铁路线，车站客流量每年约为 730 万人次。

城市观察

布鲁日车站位于古城郊外，车站与城市对外公路相连。车站周边已逐渐形成街区，东侧为商业与办公建筑，西侧为政府办公楼，是区域重要的办公中心，周边布置有学校、医院等公共建筑（图 5-75）。铁路两侧通过车站一层过道相连，同时通过在办公区设置大型平台来联系两侧建筑。实例照片如图 5-76—图 5-82 所示。

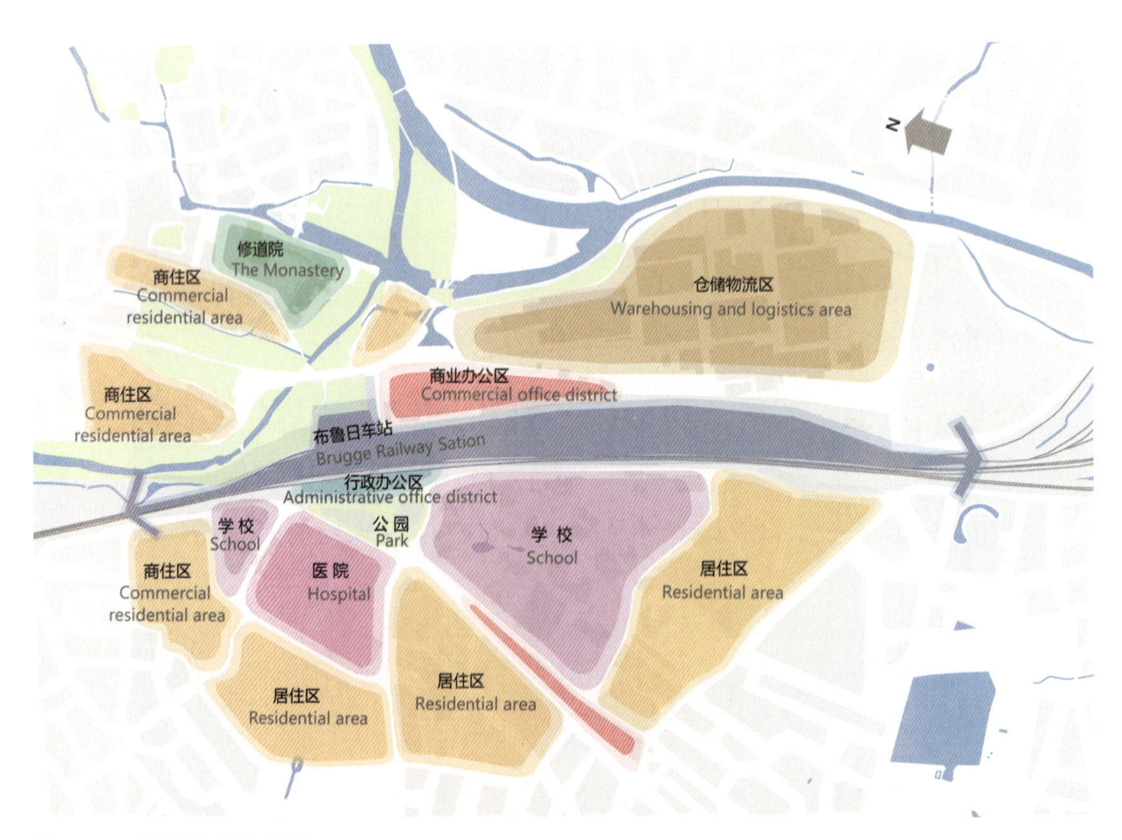

图 5-75　车站周边功能示意图

图 5-76　车站西面与车站相连的办公楼

图 5-77　车站商务用房

图 5-78　车站商务指引牌

图 5-79　车站西面的办公建筑群

图 5-80　站前广场

图 5-81　车站东面与站前广场的连廊

图 5-82　东面站前广场周边的办公及商业建筑

空间解析

作为布鲁日古城对外联系的最重要的交通设施，布鲁日车站的选址既要满足交通需求，又不能影响古城完整的街巷格局。于近郊设置车站，与古城之间有一定的环境缓冲空间，这对于中世纪古城的保护是非常重要的。车站与古城的区位关系如图 5-83 所示。

布鲁日车站的规模虽小，但在承担大量前往古城的客流的同时，也带动了车站周边城市的发展。随着城市的发展扩大，铁路逐渐成为分割城市格局的因素之一。布鲁日车站原本是单边车站，为满足布鲁日本地及周边居民的出行需求，布鲁日车站在更新改造中保留了东侧交通主入口，新增完善了公共交通布局，结合商业业态植入及高架停车场设置，形成主要的交通换乘广场。车站内部有通往西侧入口的通道，西侧出入口结合办公建筑设置，形成西侧办公建筑群。车站周边空间布局如图 5-84 所示。车站区域空间连通如图 5-85 所示。

高架站台，通过车站地面层公共通道实现两侧用地及功能的缝合，如图 5-86 所示，这对国内小城市站点的设计有着十分重要的借鉴意义。对于规模不太的城市，车站可选址在近郊，高架站台，为城市发展预留扩展空间。

图 5-83　车站与古城的关系图

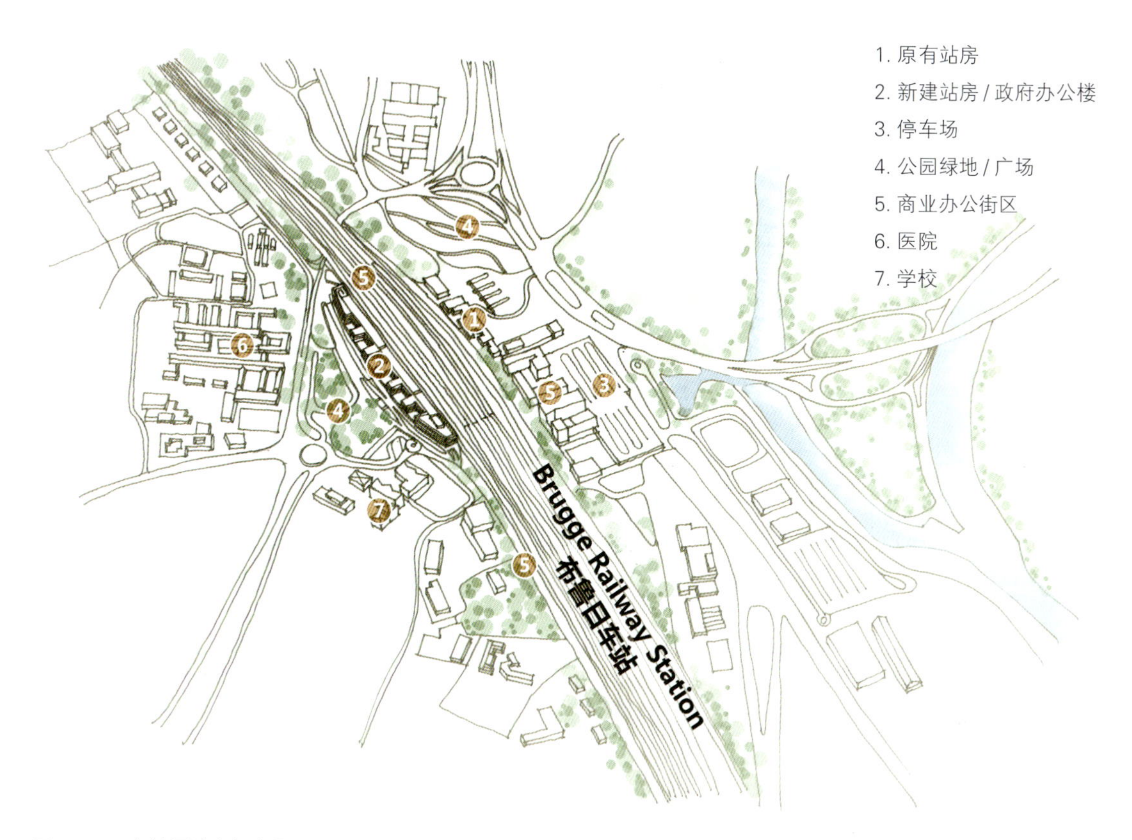

图 5-84　车站周边空间布局图

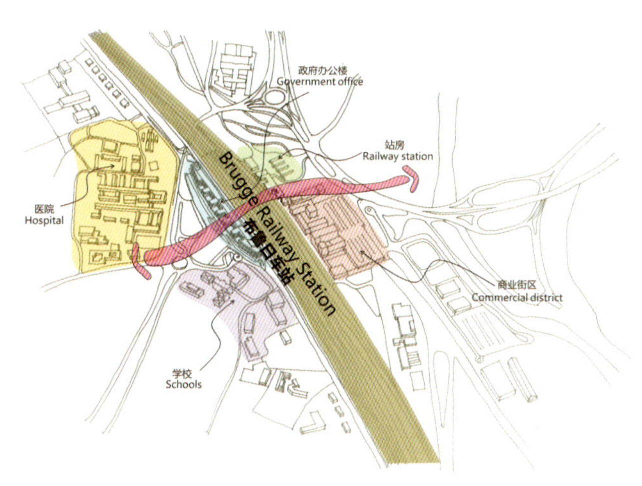

图 5-85　车站区域空间连通示意图

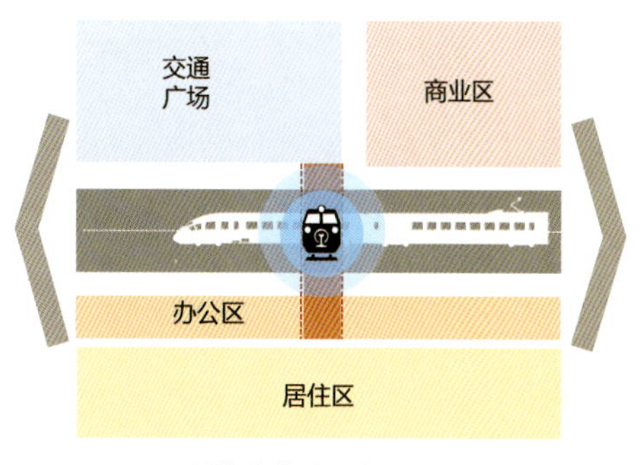

图 5-86　通道缝合车站两侧功能示意图

交通研判

布鲁日车站同样是通过式车站，通过设置高架站台，形成东西两侧的出入口，其中东侧交通广场主要提供通向布鲁日古城的公共交通，通过广场商业长廊可与南侧大型屋顶停车场相连；西侧交通广场则通向布鲁日古城外围，通往比利时其他城镇的长途汽车站设置于此。东西广场均有便捷的公交车、出租车和自行车换乘交通，在车站内有联系东西广场的公共通道。车站周边交通设施分布如图 5-87 所示，实例照片如图 5-88—图 5-92 所示。

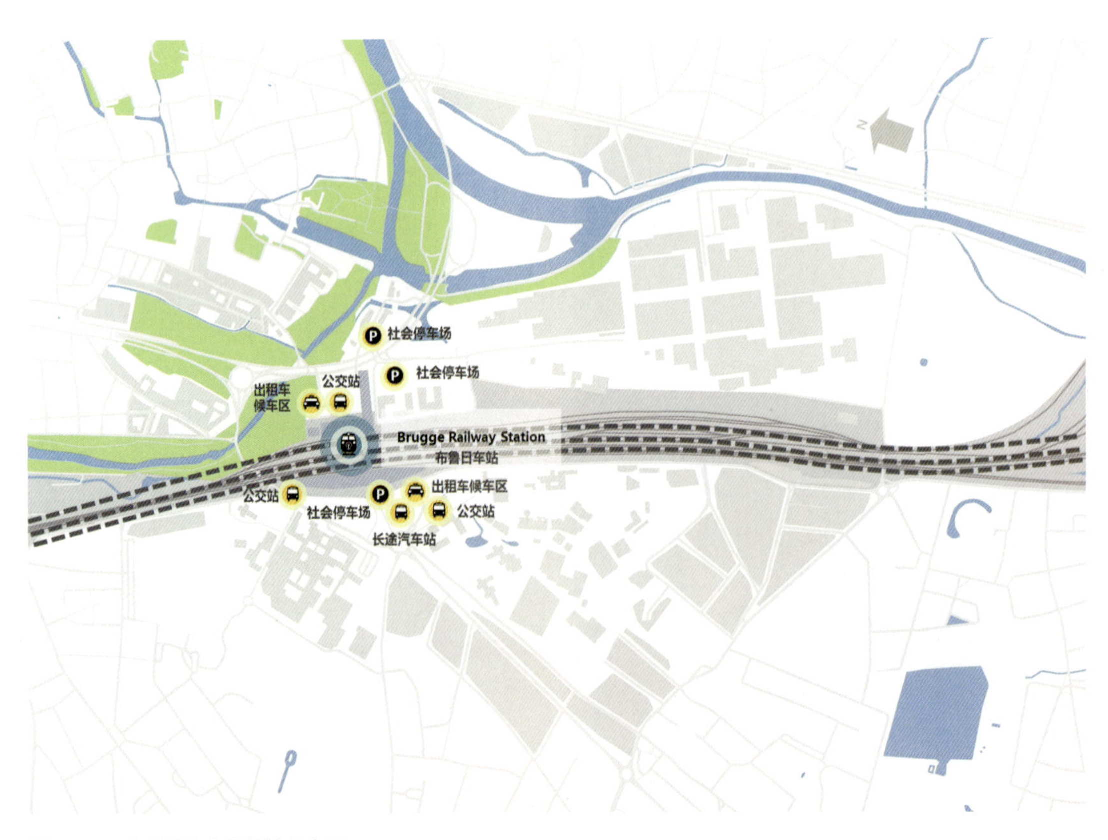

图 5-87　车站周边交通设施分布图

图 5-88　车站外围道路

图 5-89　车站周边建筑连通

图 5-90　双层停车场

图 5-91　地面导向标识

图 5-92　公交站台

布鲁日作为欧洲著名旅游小镇，每年吸引大量游客来此观光。布鲁日车站位于布鲁日古城外围区域环状干道的南侧（图 5–93），东侧面对布鲁日古城，西侧面对布鲁日新城，由于城市规模较小，车站并没有设置大运量的城市轨道系统，而是形成密集的巴士系统，分别布设在高架的东西站台广场周边，并形成城区短途和城郊长途的交通分区。车站东西广场外围分别设置了大型社会停车场，通过停车换乘的方式满足本地居民和外地游客的需求。

布鲁日车站的年客运总量达到 730 万人次，车站设置有 52 条常规公交线路，车站周边的交通流线如图 5–94 所示。通过对现状区域路网承载力进行分析，结合相关资料查询，以车站区域交通设施运输能力为判断基数，得到布鲁日车站公共交通年客运总量达 410 万 ~520 万人次，则公共交通年平均分担率达到 60%，其公交分担率测算如表 5–1 所示。

图 5–93　车站区域路网结构图

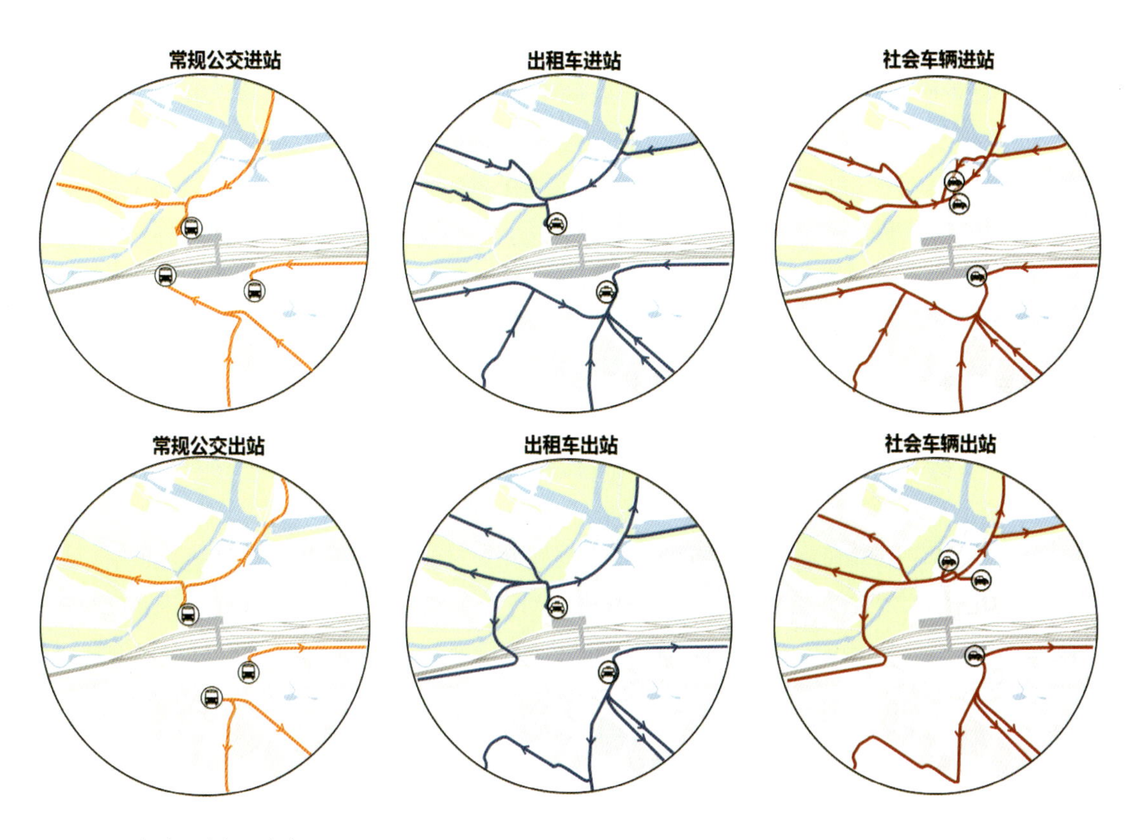

图 5-94　车站周边交通流线图

表 5-3　车站公交分担率测算表

车站股道（条）	周边路网组成	轨道交通	常规公交	年客运量（万人次）	公交年客运量（万人次）	公共交通分担率
10	环形－放射式	—	52 条	730	410 ~ 520	55% ~ 70%

内部探访

布鲁日车站地面层通过公共通道连接东西两侧的服务站厅，站厅内多为铁路的相关配套服务设施，包括购票处、候车大厅、问询处及行李存放处、餐饮区及无人售卖亭等。地上二层是站台层，与地面层通过一系列的垂直电梯和楼梯相连。平面流线分析如图 5-95 所示，竖向分析如图 5-96 所示，实例照片如图 5-97—图 5-102 所示。

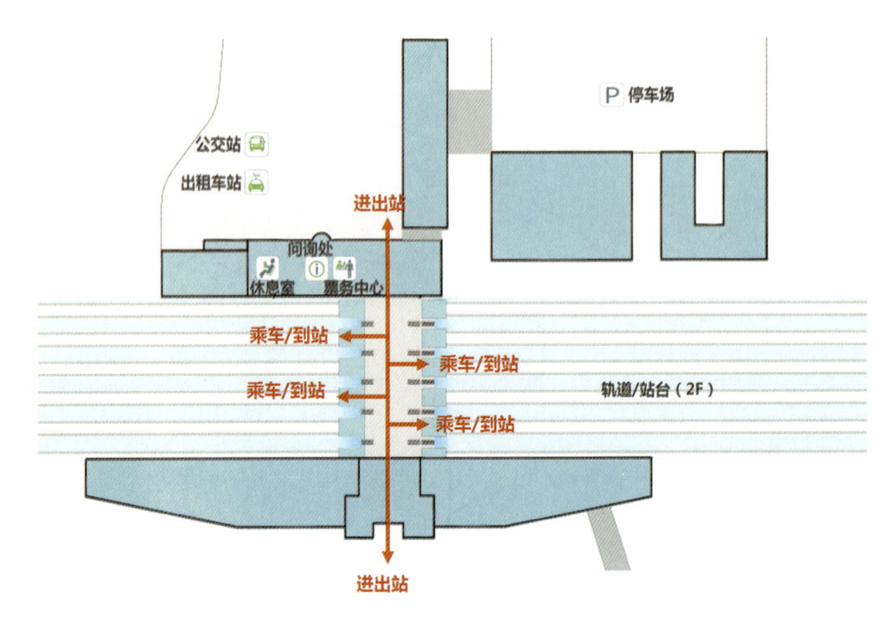

图 5-95　车站地面层平面及流线图

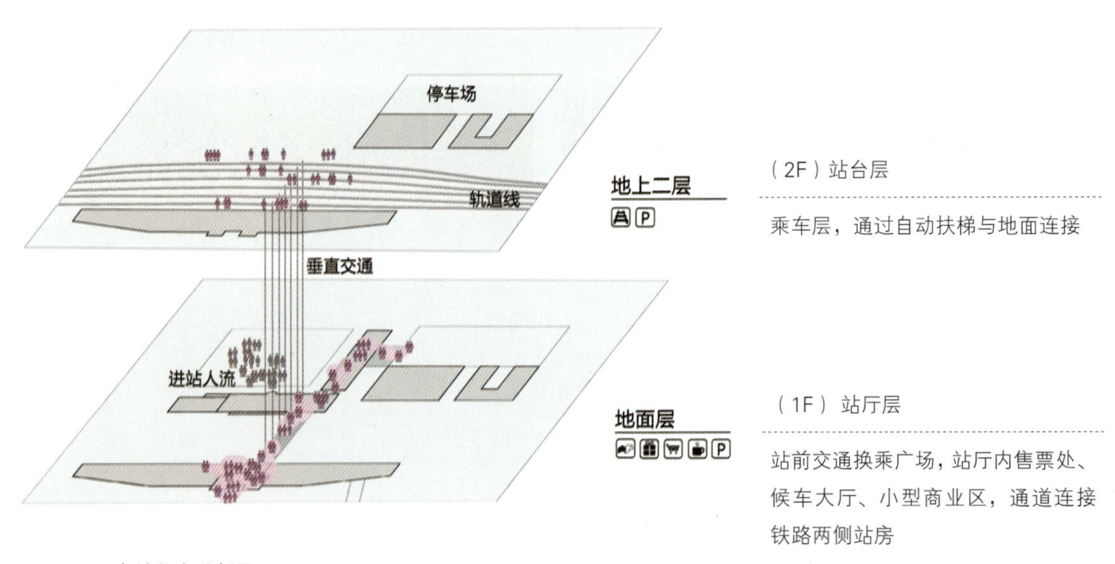

图 5-96　车站竖向分析图

图 5-97 趣味涂鸦的列车

图 5-98 站台层

图 5-99 通往站台的垂直电梯和楼梯

图 5-100 通往站台的扶梯

图 5-101 地面层联系通道

图 5-102 候车大厅

镜头采撷

- 候车厅里讲述古城历史的壁画（图 5–103）
- 站台上超长的列车（图 5–104）
- 垃圾分类宣传设施非常醒目（图 5–105）

图 5–103　候车厅壁画

图 5–104　车站站台

图 5-105　车站门口倡导垃圾分类的雕塑

参考文献

[1] 袁锦富，丁志刚，刘剑，等．高铁效应与城市规划 [M]．南京：江苏凤凰科学技术出版社，2016.

[2] 段进．空间研究 13：高铁时代的空间规划 [M]．南京：东南大学出版社，2016.

[3] 邱盼．城市公共交通枢纽与建筑综合体一体化设计研究 [D]．成都：西南交通大学，2014.

[4] 刘刚．基于空间句法的轨道交通综合体换乘空间通达性设计初探 [D]．北京：北京交通大学，2015.

[5] 何仲禹，翟国方．日本东京城市综合体规划设计与开发经营 [J]．规划与设计，2016(3)：60-67.

[6] 王惠．商业综合体交通流线组织设计研究 [D]．北京：中国矿业大学，2014.

[7] 王晶．基于绿色换乘的高铁枢纽交通接驳规划理论研究 [D]．天津：天津大学，2011.

[8] 陈曦．陆衍型肌理特征的传统街区建筑空间形态研究 [D]．无锡：江南大学，2009.

[9] 郑怀德．基于城市视角的地下城市综合体设计研究 [D]．广州：华南理工大学，2012.

[10] 牛力．建筑综合体的空间认知与寻路研究 [D]．上海：同济大学，2007.

[11] 黄骏．地铁站域公共空间整体性研究 [D]．广州：华南理工大学，2008.

[12] 任利剑．城市轨道交通系统与城市功能组织协调发展研究 [D]．天津：天津大学，2014.

[13] 孔键．地铁车站内部空间环境人性化设计研究 [D]．上海：同济大学，2007.

[14] 王波．城市地下空间开发利用问题的探索与实践 [D]．北京：中国地质大学，2013.

[15] 李学．中国当下交通建筑发展研究——1997 年至今 [D]．杭州：中国美术学院，2010.

[16] 王曦．基于功能耦合的城市地下空间规划理论及其关键技术研究 [D]．南京：东南大学，2015.

[17] 陈景衡．西安城市高层综合体发展研究 [D]．西安：西安建筑科技大学，2011.

[18] 王建国．城市设计 [M]．3 版．南京：东南大学出版社，2011.：134-138.

[19] Images Publishing. The City in Architecture: Recent Works of Rocco Design [M]. Melbourne: Images Publishing Group Pty Ltd.

[20] LAU S, GIRIDHARAN R, GANESAN S. Policies for implementing multiple intensive land use in Hong Kong[J]. Journal of Housing and The Built Environment, 2013(18),365-378.

[21] SCHWANKE D, et al. Mixed-Use Development Handbook[M]. 2nd ed. Washington D.C.: Urban Land Inst, 2003.

[22] 董一璞．基于城市空间理论的建筑综合体设计初探 [D]．北京：中央美术学院，2016.

[23] 张航．城市商业综合体步行公共空间设计研究 [D]．重庆：重庆大学，2016.

[24] 徐日庆．城市地下综合体建设技术指南 [M]．北京：中国建筑工业出版社，2016.

[25] 米满宁．日本福冈 JR 博多站交通综合体空间设计分析与启示 [J]．城市轨道交通，2017(8)：134-138.

[26] 律穹，沈瑶，焦胜，等．基于“资源—行为”视角的城市综合——以长沙市中心城区 20 个综合体为例 [J]．建筑学报，2017，S1：48-53.

[27] 施瑛，费兰．城市综合体中公共空间设计的分析——以日本难波公园、六本木新城为例 [J]．华中建筑，2014，32（11）：129-133.

[28] 李禧婧．基于竖向空间一体化的轨道交通综合体过渡空间设计 [D]．北京：北京交通大学，2016.

[29] 王晓丹．城市综合体交通与城市交通的整合设计研究 [D]．郑州：郑州大学，2013.

[30] 游乾．具有地方特色的综合体建筑设计研究 [D]．昆明：昆明理工大学，2014.

[31] 刘婧祎．基于 TOD 的轨道交通综合体设计初探 [D]．北京：北京交通大学，2013.

[32] 华蓝设计（集团）有限公司交通规划设计研究院．南宁市重点片区（火车东站片）地下空间利用及立体交通体系专项规划 [Z]．2017

[33] 华蓝设计（集团）有限公司交通规划设计研究院．南宁火车站综合交通枢纽规划 [Z]．2012.

注：城市面积、人口数据及车站客流量源自维基百科及地方网站。

后记

看到即将付梓的书籍，感慨颇多……

从 2008 年接触火车站交通环境业务开始，为了研究火车站与城市空间，我们的团队带着一腔热血和研究热情，在国内各地展开了实地调研，排得上名号的火车站均留下了我们的足迹。日本京都火车站的惊艳，葡萄牙东方火车站的触动，引发了我们对国外火车站场研究的向往。于是，《行走空间》的编写提上了日程，在研读了上百个国际火车站的介绍攻略，对比了不下十条精品线路，精心策划出这条极其匹配我们研究需求的路线后，我们踏上了欧洲火车站枢纽交通考察之旅。

又是近两年的奋发蹈厉、砥志研思，经过十几轮的堆砌、研磨、润色，这部精心编撰、图文并茂、结合学术与游记性的作品出炉。我们希望通过研究车站的布局及交通组织特点，思考车站与所在城市空间发展的关系，为行业读者对车站的认识提供良好的经验借鉴。

面对读者，需要郑重说明：鉴于各种条件的局限，我们无法查阅各个车站的历史资料、设计图纸和工程文件。况且我们无意专门介绍各个车站的工程设计，而是着重于通过亲身体验，分享这些公共设施给予使用者的环境感受。为此，本书中的照片均为编辑团队所拍摄，分析图和数据均是依靠现场考察与研究推断所得，免不了有尺度的失真和思考的片面，还请读者见谅。

当然，这一路走来，离不开各方领导和同事的帮助和支持。

首先，得益于华蓝集团研究创新的鼓励机制，在我们这个以生产为主要任务的设计部门，组织完成一部著作需要投入大量的人力、物力和财力，并且需要承担一定的风险，感谢一直支持这本书制作完成的单位领导。

其次，非常感谢我公司总策划师徐兵先生对于书籍研究方向和技术路线的诸多指导，本书内页更是大量采用了徐兵先生考察期间的摄影作品，令书籍增色颇多。

最后，感谢项目组小伙伴们一起用心血凝实的成果，在选题、构思、收集资料、考察、编撰等期间，大家相互配合，共同学习，收获满满。特别是梁雪君团队精心绘制了大量的分析图，使案例表达栩栩如生；杨涛团队对研判分析方法的有效探索，辅助了交通设施多层次的解读；万千团队给研究增补了理论支撑的内容，实现了整本书学术性与纪实性相融合。正是得到大家的鼎力支持，本书实现了编辑预期的目标。

谨以此文，献给所有为此书付出的人！

更愿以此书，献给我们为之奋斗的时代！

编者于 2020 新年前夕